Pequeno livro do

VINHO

Guia para toda hora

Revisado conforme o novo acordo ortográfico

Dados Internacionais de Catalogação na Publicação (CIP)
(Câmara Brasileira do Livro, SP, Brasil)

15ª ed.

Santos, Suzamara.
  Pequeno livro do vinho: guia para toda hora / Suzamara Santos. – 15ª ed. – Campinas, SP: Verus Editora, 2014.

  Bibliografia
  ISBN 978-85-7686-004-4

  1. Vinhos – Guias. 2. Vinhos e vinificação. I. Título.

06-6949   CDD-641.22

Índices para catálogo sistemático:

1. Vinhos – Guias 641.22

Suzamara Santos

Pequeno livro do
VINHO

Guia para toda hora

15ª edição

Rio de Janeiro-RJ / Campinas-SP, 2014

Copidesque
Carlos Eduardo Sigrist

Revisão
Ana Paula Gomes
Raïssa Castro

Capa & Projeto Gráfico
André S. Tavares Silva

Arte-final
Odair Temporin

© 2006 Verus Editora

Todos os direitos reservados.
Nenhuma parte desta obra pode ser reproduzida ou transmitida por qualquer forma e/ou quaisquer meios (eletrônico ou mecânico, incluindo fotocópia e gravação) ou arquivada em qualquer sistema ou banco de dados sem permissão escrita da editora.

Verus Editora
Rua Benedicto Aristides Ribeiro, 55
Jd. Santa Genebra II - 13084-753
Campinas/SP - Brasil
Fone/Fax: (19) 3249-0001
verus@veruseditora.com.br
www.veruseditora.com.br

Grupo Editorial Record
www.record.com.br

Agradecimentos

Quero agradecer a algumas pessoas que, direta ou indiretamente, me ajudaram na elaboração deste pequeno livro.

A Marcelo, meu companheiro, a quem devo a primeiríssima lição sobre vinho: Cabernet Sauvignon e Chardonnay são nomes de uvas.

A Miguel, meu filho de 4 anos, que se tornou um especialista em dinossauros enquanto eu escrevia estas palavras.

A dona Eny, minha sogra, excelente companhia para vinho e música.

A Valéria Forner, amiga e parceira no trabalho, que me convenceu a encarar este projeto.

A Bruno Vianna, diretor de degustação da Associação Brasileira de Sommeliers (ABS) de

Campinas, grande mestre, que teve a paciência de ler este livro assim que digitei o último ponto final.

A todos da ABS–Campinas, pelo profissionalismo e pelas grandes aulas sobre enofilia.

SUMÁRIO

Prefácio 9

À sua saúde!...12

1 A história em doses mínimas 14

2 No princípio era a uva..........................19

3 Vinho gosta de sossego.........................25

4 Descomplicando a degustação 30

5 Uma taça às refeições............................50

6 O vinho em ocasiões especiais 64

7 Comprando vinhos 75
8 Como se faz o vinho............................91
Final do começo 119
Apêndice – Mapa mundial 121
Bibliografia...183
Índice remissivo..185

PREFÁCIO

A literatura sobre vinhos é extensa, incluindo compêndios que ultrapassam um milhar de páginas e descrevem em detalhes os mais variados temas correlatos. Consulto-a frequentemente ao preparar aulas e palestras. O assunto é tão vasto que nunca se esgotará, mas muitas vezes acaba criando uma grande barreira para quem quer simplesmente se iniciar no mundo do vinho sem se perder no emaranhado de termos técnicos e intermináveis descrições.

Suzamara Santos, com sua experiência em escrever para o público não especializado em vinhos, vem de fato, com grande sensibilidade, preencher essa lacuna, em seu estilo simples e direto, sem se perder em teorias. Os principais conceitos são expostos de maneira simples e atraente, sem preocupação com rigorismos e tecnicismos, de modo que qualquer interessado que ainda não tenha feito cursos sobre vinhos poderá acompanhar com facilidade e obter preciosas informações, dicas e recomendações práticas para uso imediato.

Aqui você vai encontrar respostas às principais perguntas que invariavelmente assolam a mente dos que, de alguma forma, se interessam por vinho. Sendo portátil, este livro permite com facilidade levar consigo o básico a qualquer lugar.

O livro aborda tópicos essenciais, desde os estilos de vinhos, cuidados na compra, uso de taças, defeitos, temperatura de serviço, vinho no restaurante, degustação, principais regiões produtoras, até dicas de como evitar comportamentos inadequados ao ambiente, para não ser rotulado de "enochato".

As interessantes matérias publicadas pela autora na imprensa, divulgando as novidades sobre vinhos, já se tornaram referência. Tenho acompanhado com satisfação seu trabalho, bem como suas participações em cursos e degustações na ABS. Fico feliz que tenha dedicado tempo para compartilhar seu conhecimento e aplicar seu talento de comunicação na produção desta obra, que possibilita a mais pessoas se iniciarem no maravilhoso mundo do vinho!

Bruno Vianna
Fundador, ex-presidente e
diretor de degustação da ABS–Campinas

À SUA SAÚDE!

Bem-vindo ao mundo do vinho! Sua curiosidade em folhear este pequeno livro já demonstra que você é um enófilo, se não completo, pelo menos em potencial. E enofilia, amigo, é um caminho sem volta. Bastam alguns passos nessa trilha para que a engrenagem sensorial de que fomos dotados pela natureza trabalhe, prazerosamente, a favor do vinho.

A história é longa. Vestígios das primeiras sementes de uva datam de 7000 a.C. Foram encontrados na região ao sul do mar Negro e sudoeste da cordilheira do Cáucaso, onde hoje se encontram a Turquia, a Armênia e a Geórgia.

Mas não vamos contar tudo isso. A proposta deste guia é fornecer informações que possam ser empregadas de maneira prática no dia a dia, seja em casa, seja num restaurante, numa loja especializada em vinhos, na reunião com os amigos, na festa de confraternização... Seções como "Trocando em miúdos", "Só para constar", "Experimente", "Não morra sem experimentar" e "Procure nos rótulos", além de glossários, surgem no livro como ferramentas que vão auxiliá-lo a entender alguns fundamentos do vinho. O objetivo não é fazer de você, leitor, um especialista, mas, sim, envolvê-lo numa cultura sofisticada e simples ao mesmo tempo. Bom proveito!

Suzamara Santos

A HISTÓRIA EM DOSES MÍNIMAS

É impossível dizer quando exatamente o homem começou a produzir vinho como decorrência de um sistema de agricultura. Afirma-se com segurança que foi a partir do momento em que ele deixou de ser nômade para fixar-se na terra em comunidades. A Bíblia, em Gênesis, informa que Noé teria plantado vinhas numa região próxima ao monte Ararat, na Turquia, local onde a arca teria aportado após o dilúvio.

- Pesquisadores descobriram, no Egito e na Síria, vestígios da espécie *Vitis vinifera*, a mais indicada para a produção de vinho, que datam de 4000 a.C.

- O vinho é parte das civilizações grega e romana, o que explica a existência de um deus protetor da bebida e da vinha: Baco para os romanos, Dionísio para os gregos. As videiras eram cultivadas na Grécia desde 2500 a.C.

- Ânforas e uvas prensadas e fossilizadas têm sido apresentadas como provas de que o homem já dominava a técnica da vinificação há milhares de anos. As principais descobertas desses fósseis foram: em Creta, de 3000 a.C.; no Islã, de 3500 a.C.; na França, de 600 a.C. (período que coincide com a presença dos colonizadores gregos na região onde seria fundada Marselha); na Itália, no século VIII a.C.

🍃 A ascensão do Império Romano, a partir do século IV a.C., deu grande impulso ao vinho, fazendo com que muitos outros povos – eslavos, celtas e germânicos – adotassem a bebida como parte de seus hábitos.

🍃 No início da Idade Média, com o declínio do Império Romano, a Europa viveu uma fase de grande turbulência, o que refletiu negativamente no desenvolvimento do vinho.

🍃 Foi nesse período também que a bebida encontrou sua grande e mais influente aliada: a Igreja Católica, que tem no vinho uma forte simbologia cristã. Com o abandono de terras pelos agricultores, coube aos monges católicos a missão de continuar a produção de vinhos, papel que desempenharam com grande eficiência. Grandes vinhedos da Europa foram cultivados por eles.

Na Renascença, o vinho já era um produto nobre e de grande prestígio. No século XVIII houve um avanço surpreendente, com duas novidades: o uso da garrafa de vidro e da rolha de cortiça para armazená-lo e torná-lo um produto mais durável. As grandes regiões produtoras da Europa puderam, então, elaborar vinhos de alta qualidade.

Somou-se a essas novidades a contribuição do cientista francês Louis Pasteur, que decifrou os fenômenos naturais responsáveis pela transformação da uva em vinho e proporcionou aos produtores a possibilidade de desenvolver métodos científicos de elaboração da bebida.

No século XIX, em especial a partir da década de 1870, aconteceu a maior tragédia da história do vinho: a praga da *Phylloxera vastatrix*, um pulgão que ataca a raiz da videira. O inseto chegou à Europa alojado em mudas de variedades americanas e espalhou-se rapidamente, destruindo quase a totalidade dos vinhedos. A salvação veio de onde partiu a devastação. Cepas europeias foram enxertadas em raízes de variedades americanas, mais resistentes à praga. Até se chegar a essa solução, passaram-se mais de quarenta anos.

Aos poucos a produção de vinho foi sendo retomada, aprimorada e difundida em outros continentes. Hoje, há quem olhe para trás e veja benefícios na tragédia da filoxera. Muitos vinhedos inferiores ou localizados em regiões pouco interessantes para o vinho simplesmente deixaram de existir, pois não foram replantados. Se por um lado existem bebidas caríssimas, destinadas a poucos consumidores, por outro percebe-se um crescente interesse de produtores do mundo todo em oferecer vinhos bons e acessíveis a todas as classes sociais. É esse o panorama do vinho que encontramos neste começo de século XXI.

NO PRINCÍPIO ERA A UVA

Uvas e videiras: a frágil frutinha que opera o milagre da transformação

É muito simples. Vinho é a bebida que resulta da transformação do açúcar da uva em álcool, através da fermentação. Isso é a natureza que faz. As cascas das uvas maduras se rompem, as leveduras atacam a fruta e inicia-se todo o processo. O que era glicose e frutose se converte em álcool etílico e gás carbônico.

Dá para apostar que o homem descobriu o vinho por acaso. Desde então ele tenta participar do processo com o objetivo de extrair mais e mais prazer da bebida. E assim surgiu a enologia, ciência que estuda a elaboração do vinho, do plantio das videiras ao produto final engarrafado.

Quem faz o que nesse negócio

Antes de começar, vamos esclarecer quem é quem.

Enólogo: é o profissional com formação em enologia que trabalha diretamente na vinícola. Ele tem conhecimento científico para coordenar todo o processo de elaboração da bebida. O enólogo faz o vinho.

Enófilo: aprecia e estuda o vinho. Somos você, eu e qualquer pessoa que mantenha o hábito de tomar vinho e ler sobre o assunto. A palavra, de origem grega, significa "amigo do vinho".

Sommelier: é o profissional que trabalha em restaurantes, elaborando cartas de vinhos e orientando clientes na escolha da bebida ideal para combinar com o prato.

❗ Enólogo, enófilo e *sommelier* podem conduzir degustações, proferir palestras e comandar cursos sobre vinhos.

Terroir, onde começa o vinho

Não é à toa que se diz que um grande vinho já vem pronto na uva. Isso porque a qualidade da fruta é fundamental para se obter uma boa bebida. E de onde vem a qualidade? Num primeiro momento, da conjugação harmoniosa entre solo, clima e topografia. A esse conjunto de variantes dá-se o nome de *terroir*. A partir dele, o homem entra em ação: determina a cepa (espécie, varietal) que melhor se adapta ao terreno, decide-se pelo método de plantio e condução da vinha (importantíssimo, pois a uva precisa de muita insolação) e, já na vinícola, governa a técnica de vinificação, cuidando para que o trabalho iniciado pela natureza não vá por água abaixo.

Familiarize-se com estas palavras

Assemblage: palavra francesa que se refere à operação de juntar dois ou mais vinhos em busca de uma nova bebida, mais uniforme, com personalidade própria e que possa ser elaborada outras vezes. A maioria das vinícolas tem seu vinho *assemblage*.

Cepa: casta ou variedade de uva. Por exemplo: Cabernet Sauvignon, Chardonnay, Merlot. Numa linguagem mais técnica, designa também o tronco da videira.

Corte: método que consiste em misturar vinhos de uvas e safras diferentes para obter uma nova bebida, com mais qualidade. Em geral, a operação visa corrigir defeitos da cepa principal. Por exemplo: um vinho com baixa graduação alcoólica pode ser corrigido com a adição de um vinho com maior teor de álcool. A operação exige destreza do enólogo.

Varietal: vinho com indicação, no rótulo, da uva predominante em sua elaboração. Designa também a variedade da uva. Por exemplo: a uva Pinot Noir é uma varietal.

Videira: planta que produz uva. Também chamada de parreira ou vinha. Existem várias espécies de videira, mas a que produz uvas para vinhos finos é chamada de *Vitis vinifera*. Outras espécies do gênero *Vitis* são a *Vitis labrusca* e a *Vitis aestivalis* (de origem americana), que também produzem vinhos, porém de qualidade inferior.

VINHO GOSTA DE SOSSEGO

Você certamente já ouviu falar que o vinho é um ser vivo que nasce, evolui e morre. Pois é verdade. Mas é possível colaborar com esse processo, cuidando para que a bebida tenha uma vida feliz, sem sobressaltos. Para isso, é fundamental saber armazenar a garrafa.

Posição: a garrafa deve ser guardada na posição horizontal, para que o vinho mantenha a rolha sempre molhada, evitando seu ressecamento e a entrada de oxigênio no recipiente. O ar degrada o vinho pela oxidação.

Temperatura: quem não tem uma adega climatizada em casa deve ficar atento quanto ao local  em que a garrafa será guardada. O ideal é um lugar fresco, de temperatura estável, entre 14 ºC e 18 ºC. Lembre-se de que local quente demais acelera a maturação do vinho, e local frio demais (a geladeira, por exemplo) impede a evolução da bebida.

Umidade: a garrafa mantida em local muito úmido está sujeita a ter o rótulo e a rolha embolorados, e rolha embolorada estraga o vinho. Devem-se evitar também locais em que haja constante vibração.

Luz: o vinho prefere o escuro. A luz desencadeia reações químicas, degradando a bebida. Embora a garrafa escura seja uma barreira contra a luz, é mais seguro mantê-la em ambientes de baixa iluminação.

Temperatura: ajude o vinho a se mostrar

Vinhos brancos devem ser servidos em temperatura de geladeira; vinhos tintos, em temperatura ambiente. É mais ou menos isso que se prega, mas não devemos ser tão simplistas. Pense no vinho tinto durante o verão. Servi-lo em temperatura ambiente é tomá-lo a mais de 30 ºC – isso é quente, portanto um sacrilégio. Essa história de temperatura ambiente funciona em alguns lugares da Europa, onde o clima costuma ser ameno mesmo no verão. No Brasil, não.

Mas por que não podemos tomar vinho na temperatura que desejamos? Porque o vinho se mostra, "se abre", apresenta seus aromas quando está na temperatura adequada a seu estilo. Existe uma tabela que deve ser respeitada, o que não significa que você tenha de ficar com um termômetro ao lado toda vez que abrir uma garrafa. Para facilitar: vinhos brancos devem ser servidos mais frescos, enquanto os tintos, em temperatura um pouco abaixo da ambiente, mas não gelados.

Champanhe e espumantes	entre 6 ºC e 8 ºC
Vinhos brancos leves ou aromáticos	entre 8 ºC e 10 ºC
Vinhos brancos encorpados	entre 10 ºC e 12 ºC
Vinhos *rosés* (ou rosados)	entre 6 ºC e 8 ºC
Vinhos tintos leves e jovens ou frisantes	entre 12 ºC e 14 ºC
Vinhos tintos de corpo médio	entre 14 ºC e 16 ºC
Vinhos tintos encorpados	entre 16 ºC e 18 ºC

TROCANDO EM MIÚDOS

Aromático: vinho que traz nítidos os aromas característicos das uvas com as quais foi elaborado. Costumam ser aromáticos os vinhos feitos com as uvas Malvasia, Moscatel, Gewürztraminer, Viognier e Torrontés.

Corpo: peso do vinho na boca. Um truque para perceber o corpo é usar a água como parâmetro. Quanto mais diferente da água for o vinho, mais encorpado ele será. Alguns autores usam o leite como referência: integral (encorpado), semidesnatado (corpo médio) e desnatado (leve).

Frisante: vinho levemente espumante. A efervescência é obtida natural ou artificialmente – através da adição de gás carbônico. O italiano Lambrusco é um exemplo de vinho frisante.

Leve: vinho com pouco corpo e baixo teor alcoólico, o que não quer dizer que seja ruim. Alguns são agradáveis.

DESCOMPLICANDO A DEGUSTAÇÃO

Você nem percebeu, mas no capítulo anterior demos o primeiro passo para entender a degustação. Ela envolve quatro dos cinco sentidos: visão, olfato, tato e paladar.

São três etapas: análise visual, análise olfativa e análise gustativa.

Manobras iniciais

Degustar um vinho é tomá-lo prestando atenção em todos os detalhes. Algumas pequenas manobras feitas com o copo na mão são importantes nesse exercício de apreciação.

Segurar a taça pela haste: evita que o calor da mão aqueça o vinho e altere aromas e sabores característicos.

Erguer a taça contra a luz: permite observar a intensidade de cor, se é mais fechada ou transparente.

Inclinar a taça para frente e passar o dedo indicador por fora do vidro, na face externa: também revela se o vinho é mais ou menos transparente. Em vinhos de cor intensa, você não verá seu dedo.

Agitar a taça em movimento giratório: oxigena a bebida, fazendo com que libere mais facilmente todos os aromas e, também, apresente as lágrimas.

Vinho também respira

Um procedimento benéfico ao vinho, em especial aos bons tintos, é deixá-lo respirar. Isso nada mais é do que abrir a garrafa algumas horas antes de servir o vinho. A bebida que passou por períodos longos de envelhecimento na garrafa sofre reações benéficas ao contato com o oxigênio. Os aromas tornam-se mais intensos, e o sabor, mais rico. O tempo de respiração varia de acordo com a qualidade do vinho. Quanto mais complexo e envelhecido é o vinho, mais longo deverá ser o período de arejamento. Para a maioria dos vinhos, de uma a três horas bastam. Já vinhos mais complexos e estruturados, seis horas ou mais.

Outra maneira de garantir o arejamento, especialmente em vinhos que não exijam tantos cuidados, é a decantação. Nesse caso, basta transferir a bebida, com cuidado e devagar, da garrafa para o decantador, uma espécie de jarra bojuda, de cristal fino, que lembra uma licoreira, desenvolvida para esse fim.

- Em vinhos muito velhos, com mais de vinte anos na garrafa, o procedimento de respiração pode ser trágico, levando à oxidação.
- Vinho do dia a dia, simples e jovem, não precisa de arejamento.

Informação que está na borda

Ao inclinar a taça contra um fundo branco, é possível obter uma importante informação sobre o vinho tinto: se ele é mais ou menos envelhecido. O que revela esse detalhe tão rico é a tonalidade do anel periférico, ou seja, aquele que se vê na altura da linha de superfície do líquido, próximo ao vidro. Nesse anel ou borda, o vinho mostra tons que vão do acastanhado aquoso ao violáceo e rubi. Quanto mais viva for essa cor, mais jovem é o vinho. Cor acastanhada e aquosa revela um vinho envelhecido, com claros sinais de evolução.

1ª etapa: análise visual

Com a taça na mão, procure observar se o vinho é límpido, brilhante, transparente. Note os tons dos reflexos. Repare ainda nas lágrimas, ou pernas, do vinho, ou seja, nos filetes viscosos do líquido que escorrem pela parede interna do copo, ao agitá-lo. Quanto mais numerosas forem as lágrimas, mais alcoólico é o vinho.

Vinho tinto

O que esperar: tonalidades violeta, púrpura, rubi, vermelho-acastanhadas, castanhas, tijolo.

Interpretação: quanto mais acastanhado, mais evoluído ou envelhecido é o vinho.

Vinho branco

O que esperar: tonalidades amarelo-esverdeadas, amarelo-palha, amarelo-douradas, âmbar.

Interpretação: quanto mais dourado/âmbar, mais evoluído ou envelhecido é o vinho.

Vinho *rosé* (ou rosado)

O que esperar: tons rosados, rosa, cereja, rosa-alaranjados, salmão.

Interpretação: quanto mais salmão, mais evoluído é o vinho.

Champanhe ou espumante

Aqui o mais importante são as bolhas (*perlage*). Quanto mais finas e numerosas, melhor é a bebida. Repare que elas fazem o mesmo trajeto do fundo do copo para a superfície.

2ª etapa: análise olfativa

Para muitos, essa é a etapa mais rica da degustação. Os aromas evocam um repertório individual que varia muito de pessoa para pessoa. Por isso, não fique preocupado se alguém observar aroma de "doce de cidra que a vovó preparava" num vinho em que você percebe apenas um cítrico difuso.

Tipos de aroma

Aromas primários: são aqueles que se originam da própria uva, como os de frutas ou flores.

Aromas secundários: são os produzidos durante o processo de elaboração do vinho. Existem várias famílias de aromas: frutada, floral, herbácea, láctica, vegetal, mineral... Veja, na p. 38, uma tabela simplificada com as principais classificações de aromas.

Aromas terciários: são os buquês. A palavra *buquê* deve ser usada apenas para designar o aroma dos vinhos envelhecidos. O buquê é a evolução na garrafa dos aromas anteriores. Ele é mais complexo, profundo e difícil de ser descrito.

Respire fundo e sinta os aromas

Vinho tinto: frutas vermelhas, frutas negras, frutas passificadas, cassis, compota, pimentão, torrefação, caramelo, especiarias etc.

Vinho branco: frutas brancas, frutas frescas como o maracujá, mel, chá, amêndoas, nozes, fermento, aromas cítricos, florais, herbáceos etc.

PRINCIPAIS CLASSIFICAÇÕES DE AROMAS

Amadeirados	Carvalho, baunilha, eucalipto etc.
Animais	Caça, carne, pelo molhado, couro etc.
Especiarias	Pimenta, cravo, canela, alcaçuz, noz--moscada etc.
Florais	Rosa, violeta, jasmim, acácia etc.
Frutados	Cassis, cereja, ameixa, goiaba, framboesa, groselha (frutas vermelhas nos vinhos tintos); lichia, abacaxi, maracujá, melão, pêssego (frutas brancas nos vinhos brancos)
Minerais	Petróleo, terra, pedra de isqueiro etc.
Queimados	Alcatrão, tostado, defumado, caramelo, café torrado, piche etc.
Químicos	Fermento de pão, enxofre, removedor de esmalte etc.
Vegetais/ Herbáceos	Grama cortada, feno, cana-de-açúcar, cogumelo, chá, fumo, pimentão etc.

Champanhe ou espumante: panificação, amêndoas, nozes, fermento etc.

❗ Não se preocupe se você não identificar esses aromas, pois nem sempre eles são nítidos. Além disso, os vinhos trazem alguns deles, não todos. Outra coisa: não perca muito tempo tentando "garimpar" aromas no vinho. Lembre-se de que a degustação é um treino prazeroso e pessoal, não uma gincana, muito menos um teste de adivinhação.

3ª etapa: análise gustativa

Antes, uma breve lição de anatomia:

- ✓ **Sabor doce:** percebe-se na ponta da língua.
- ✓ **Sabor ácido:** percebe-se nas laterais da língua.
- ✓ **Sabor amargo:** percebe-se no fundo da língua.
- ✓ **Sabor salgado:** percebe-se nas laterais anteriores da língua. Praticamente inexistente no vinho.

Na boca, observa-se o equilíbrio do vinho. Independentemente de ser jovem, evoluído, leve, encorpado, alcoólico etc., ele deve ter harmonia entre alguns elementos:

- ✔ **Tintos:** tanino, acidez e álcool.
- ✔ **Brancos secos:** acidez e álcool.
- ✔ **Brancos doces:** acidez, açúcar e álcool.

TROCANDO EM MIÚDOS

Tanino: componente da casca e das sementes das uvas tintas. Dá ao vinho caráter e estrutura para envelhecer. Um vinho com excesso de tanino é áspero, adstringente, e produz sensação parecida com a da banana verde. Um vinho de taninos macios ou elegantes é um vinho bem elaborado ou que já envelheceu por tempo suficiente.

Acidez: muitos associam equivocadamente acidez a defeito. Um bom vinho precisa de acidez. É o que dá à bebida qualidades como exuberância e vivacidade. Juntamente com o álcool (e o tanino, no caso dos tintos), a acidez responde pelo equilíbrio do vinho e por sua capacidade de envelhecimento. Vinho com pouca acidez é chamado de chato. Ela ativa a salivação, tornando a bebida mais agradável.

Álcool: um importante componente do vinho. Resultado da fermentação (transformação do açúcar da uva em álcool etílico), é um dos elementos que determinam o corpo da bebida. Vinho muito alcoólico dá a sensação de doce, mesmo quando não tem açúcar residual. Se o vinho provocar calor e ardência na boca, indica que o álcool não está em equilíbrio com a acidez. É defeito.

Existe ainda o retrogosto: após um gole, o vinho deixa sabor e aroma na boca. Estes podem ser breves ou persistentes, agradáveis ou ruins. Vinho simples tem retrogosto curto ou imperceptível; vinho complexo tem retrogosto persistente.

❗ Confie em seu paladar. Se o vinho lhe der prazer, se for agradável, com certeza você estará diante de uma bebida bem elaborada. Quando o vinho tinto lhe parecer especialmente macio, levemente adocicado, confira o volume de álcool no rótulo e não se surpreenda se estiver diante de uma bebida de alto teor, acima de 13%. Se o vinho estiver "pegando", deixando a boca seca, não tenha dúvida: taninos mal resolvidos. Compare o sabor do vinho com os aromas e veja se está condizente com eles. Por fim, não tenha pressa em degustar um vinho. E acredite: não há nada de complicado no vinho; tudo está ao alcance de seus sentidos.

Reconheça os problemas

O vinho é um produto harmonioso, que pode ter a qualidade comprometida por fatores que independem dos cuidados e da competência da vinícola. Dois problemas muito comuns, relativamente fáceis de reconhecer, são causados pela oxidação e pela contaminação da rolha.

Oxidação: ocorre quando existe contato com oxigênio, geralmente por armazenagem incorreta. Um vinho muito oxidado tem aroma e sabor que lembram vinagre e pode ser identificado com facilidade. O problema é que existem vários níveis de oxidação, que nem sempre são fáceis de ser reconhecidos. Uma bebida pouco oxidada, por exemplo, será notada mais facilmente por quem já tomou do mesmo vinho em boas condições e tem parâmetro de comparação. Outro indicador de oxidação é a evolução da cor. Um vinho tinto oxidado tem cor de granada; um branco, amarelo-ouro.

Contaminação da rolha: o vinho adquire cheiro desagradável de mofo ou cogumelo, que esconde todos os demais aromas esperados. Esse efeito é causado pela contaminação da rolha pelo tricloroanisole (TCA), substância produzida durante o processo de clareamento e esterilização da rolha com compostos clorados. A doença acomete cerca de 6% dos vinhos vedados com cortiça natural, que passam a ser chamados de *bouchonée* ou vinho rolha.

Palavras que você pode ouvir numa degustação

Adstringente: que dá a sensação de "amarrar a boca", como a provocada pela banana verde. Indica vinhos duros, com muito tanino.

Agulha: sensação agradável de picadas na língua, típica dos vinhos verdes, de Portugal.

Amplo: vinho com muita riqueza e qualidade de aromas.

Aspectos organolépticos: que se percebem pelos sentidos (aroma, corpo, sabor, textura).

Austero: vinho de guarda que ainda mantém alta concentração de tanino.

Bouchonné: defeito grave causado pela contaminação da rolha (ver p. 43).

Chato: vinho carente de acidez.

Curto: vinho de retrogosto pouco persistente.

Estruturado: vinho com tanino, álcool e acidez bastante presentes.

Madeirizado: vinho branco oxidado que passa a apresentar tonalidade entre o dourado e o castanho, aroma adocicado e gosto amargo de madeira.

Maduro: vinho que atingiu o estágio de evolução ideal.

Magro: vinho aguado, pobre.

Mofado: defeito grave causado pelo excesso de umidade e por problemas de higienização.

Oxidado: defeito grave causado pelo contato com o oxigênio (ver p. 43).

Quente: vinho com alto teor alcoólico, que provoca aquecimento na boca.

Rançoso: vinho com gosto de manteiga passada.

Rolha: defeito grave causado pela contaminação da rolha. O mesmo que *bouchonné* (ver p. 43).

Vinoso: característica de vinhos muito jovens, que lembram mosto.

Não diga isso

"Vinho, quanto mais velho, melhor": poucos vinhos se prestam ao envelhecimento, à guarda. A maioria deles deve ser consumida jovem ou com poucos anos de estágio em garrafa. Grande parte dos vinhos, antes de ir para a garrafa, passa por um estágio de amadurecimento em barricas de carvalho. Essa fase é importante especialmente para os tintos, pois faz parte da "educação" do vinho, ou seja, do controle de adstringência e acidez. O vinho se torna mais macio e resistente à oxidação.

"Que gostinho bom de uva": somente alguns vinhos finos têm gosto que lembra a uva (exemplos: Moscatel, Gewürztraminer, Malvasia). Vinhos com cheiro acentuado de uva são de baixa qualidade.

"Vinho suave": fale vinho doce, ao se referir a vinhos de sobremesa. Suave é palavra associada a vinhos de baixa qualidade, que foram adoçados artificialmente com açúcar.

TROCANDO EM MIÚDOS

Estágio em barrica: tempo em que o vinho é armazenado em recipiente de madeira, carvalho francês ou americano, para amadurecimento, evolução. O carvalho é uma madeira porosa que permite a micro-oxigenação do vinho, conferindo-lhe aromas agradáveis, especialmente o de baunilha. O carvalho americano "tem" mais baunilha que o francês, que é mais delicado e sutil. Quando tostada ao fogo, a barrica confere à bebida, além da baunilha, outros aromas, como amêndoa, coco queimado e especiarias.

Estágio em garrafa: tempo em que o vinho permanece na garrafa antes de ser comercializado. Nesse período, o vinho envelhece sem herdar as características do carvalho.

❗ É o enólogo que determina quanto tempo o vinho deve ficar no carvalho e na garrafa antes de ser comercializado, de acordo com o estilo desejado para a bebida.

✔ **Só para constar:** Amadurecimento é diferente de envelhecimento. O primeiro ocorre na barrica, sob controle do enólogo. O segundo, na garrafa, sob controle de quem a adquire.

5 UMA TAÇA ÀS REFEIÇÕES

"Vinho faz bem à saúde." Existe mais verdade do que mito nessa afirmação. Se tudo que foi dito até aqui ainda não o convenceu de que o vinho deve fazer parte de sua vida, veja o que diz a ciência.

Você já ouviu falar em paradoxo francês? Não? Pois bem, em 17 de novembro de 1991, o programa *60 Minutes*, da rede de TV americana CBS, exibiu um estudo médico que comprovava estatisticamente que o povo francês, apesar da dieta calórica, com muita gordura, manteiga, molhos brancos e queijos fortes, apresentava baixos índices de doenças cardiovasculares. A explicação seria a presença do vinho na mesa francesa. O estudo fez enorme sucesso, embora esteja longe de representar uma unanimidade entre os pesquisadores. Estes apontam, entre outras coisas, a omissão do alho e da lactose como substâncias que, ao lado do vinho, poderiam colaborar com a boa saúde do francês.

De qualquer maneira, existe uma abundante literatura referente à bebida, incluindo Hipócrates, que faz alusão a seus benefícios. Não é raro, também, o vinho constar em dietas recomendadas por médicos para tratamento de cardiopatias e no controle do colesterol. Creditam-se ao vinho benefícios como:

✔ **Aumento do HDL (colesterol bom) e diminuição do LDL (colesterol ruim):** o vinho tinto é rico em polifenóis (flavonoides e não flavonoides), que agem nos índices de colesterol e contribuem para manter a saúde das artérias. Os polifenóis provêm das cascas e sementes da uva.

✔ **Ação antioxidante:** quando se fala em saúde, fala-se principalmente em vinho tinto. As uvas Merlot, Cabernet Sauvignon, Tannat e outras são dotadas de resveratrol, um poderoso polifenol que, além de retardar o envelhecimento das células pela ação dos radicais livres, protege os neurônios, tem ação anti-inflamatória e combate tumores. O resveratrol é uma espécie de antibiótico que faz parte do sistema de proteção de algumas plantas. Em condições adversas, como umidade excessiva, a videira produz esse antioxidante.

✔ **Regulação da pressão arterial:** isso se deve à presença de potássio no vinho e ao baixo teor de sódio. Além disso, o vinho contém outros elementos importantes ao organismo, como os sais minerais (cálcio, fósforo e zinco) e as vitaminas A, B e C.

- ✔ **Ainda:** o conjunto de propriedades do vinho tem ação antidepressiva, relaxante, diurética e preventiva contra várias doenças.

- ❗ É evidente que o consumo excessivo de álcool é nocivo. Especialistas só garantem os benefícios do vinho à saúde quando ingerido como parte da alimentação, ou seja, uma taça às refeições. Aí, sim, não tem erro.

E por falar em comida...

Escolher um vinho para acompanhar um prato é, em linguagem técnica, compatibilizar. Combinar prato e vinho não é tão difícil assim, mas requer alguns cuidados.

Começa assim: lé com lé, cré com cré – carne vermelha com vinho tinto, carne branca com vinho branco, sobremesa com vinho de sobremesa (doce).

Se você respeitar esse princípio, terá menos chances de errar. Mas o universo do vinho é muito amplo, assim como o da gastronomia. Aromas, temperos, texturas, sabores... Muito do que se percebe no vinho se percebe também na culinária. Daí é possível elaborar um pouco mais esse "lé com lé..." (subvertê-lo, em alguns casos), para fazer com que bebida e comida deem tudo que podem.

Por exemplo: pratos mais consistentes, substanciosos, ficam ainda melhores com vinhos encorpados, assim como pratos leves pedem vinhos leves.

Ou: pratos ricos em especiarias podem fazer um excelente casamento com vinhos mais aromáticos.

Ainda: pratos com balanço entre doce e salgado combinam com vinhos dotados de bom açúcar residual.

Mais: é possível combinar prato e vinho de acordo com a origem. Exemplos: massa com bastante molho vermelho com vinho tinto italiano; leitão assado, típico da Bairrada, com um vinho português da mesma região.

E assim o "lé com lé..." vai ficando cada vez mais interessante.

O que acontece quando vinho e comida combinam bem?

Eles se completam, se harmonizam, se integram. Ou seja, o vinho não muda o sabor e as características do prato. Comida e bebida se valorizam. Se o prato é untuoso, o vinho acentua essa untuosidade; se é aromático, realça suas nuances e cheiros; se é forte, a bebida valoriza a potência.

- Vinho fino combina com prato fino. Vinho comum combina com prato comum. O vinho usado na preparação do prato deve ser o mesmo que será servido.
- Existem casos em que o "lé com lé" é substituído pelo "lé com cré" – são as harmonizações por antagonismo. Um exemplo famoso é o queijo *roquefort*, bastante salgado, com Sauternes, bastante doce e untuoso; a acidez do vinho equilibra o acento do queijo.

Agora sim, os casamentos felizes

Entradas

Dizem que o champanhe e o espumante são os vinhos que podem acompanhar uma refeição da entrada à sobremesa. De certa forma é verdade, embora cada prato possa requerer um tipo diferente de champanhe. São bebidas frescas, alegres, que fazem uma festa na boca, perfeitas para animar uma reunião gastronômica.

Você pode servi-los com canapés, frios, frutas passificadas, patês, caviar... Combinam com tudo.

Algumas dicas:

- ✓ **Salgadinhos e canapés:** branco seco, Jerez seco ou Porto branco.
- ✓ **Frios gordurosos:** branco seco ou tinto jovem.
- ✓ **Frios não gordurosos:** *rosé* ou branco.

Os parceiros dos vinhos brancos

Linguado, badejo, robalo, truta, ostras, pescada: combinam com brancos de corpo leve ou médio, como Riesling, Sauvignon Blanc, Chablis, Orvieto.

Camarão, mariscos, vieiras, frutos do mar em geral, massas, risotos: combinam com brancos de corpo médio ou encorpados, como Sauvignon Blanc, Sémillon, Chablis, Gewürztraminer, vinhos verdes.

Bacalhau, sardinha, salmão defumado ou fresco, atum, lagosta, frango assado, peru: combinam com brancos encorpados, como Chardonnay, Chablis Grand Cru, Montrachet, Viognier.

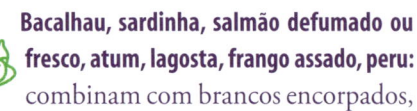

Os parceiros dos vinhos tintos

Vitela, salsicha e demais embutidos, perdiz, carneiro: combinam com tintos leves, como Pinot Noir, Cabernet Franc, Gamay, Beaujolais, Chianti, Valpolicella.

Carnes vermelhas, massas e risotos com molho vermelho, filé-mignon, almôndegas: combinam com tintos de corpo médio, como Merlot, Syrah, Malbec, Carmenère, Chianti Clássico, Rioja, Sangiovese.

Caça, carne assada ou com molhos fortes, leitão, lombo de porco, churrasco, rabada, feijoada: combinam com vinhos encorpados, como Cabernet Sauvignon,

Syrah, Tannat, grandes Bordeaux, Châteauneuf-
-du-Pape, Barbaresco, Barolo, Hermitage.

❗ Use a intuição e tente fazer suas próprias combinações. Nada impede, por exemplo, que você sirva atum, bacalhau ou salmão fresco com vinho tinto leve. E não tenha receio de errar, pois mesmo os enófilos mais experientes estão sujeitos a fazer más escolhas.

Queijo e vinho

O que dá certo:

- ✔ Queijo de cabra com vinho Sancerre.
- ✔ Queijo fresco com vinho branco frutado.
- ✔ *Camembert* e *brie* com vinho tinto jovem.
- ✔ Estepe, *emmenthal*, *gouda* e *gruyère* com vinho branco seco encorpado ou tinto jovem frutado.
- ✔ Gorgonzola, *roquefort* e *stilton* com vinho doce, como Sauternes, Porto, Recioto, Tokay.

Sobremesas

Use e abuse dos vinhos doces: espumantes, Sauternes, Porto, Vin Santo, Moscato.

❗ Se o vinho lhe parecer fraco, sem sabor ou azedo, é porque não é doce o bastante para acompanhar a sobremesa.

Você é vegetariano?

Há pouco tempo, a dieta vegetariana e a ovo-lactovegetariana eram consideradas inflexíveis aos vinhos. Hoje são tantos os adeptos desse estilo de gastronomia, e sua culinária se tornou tão extensa, que os vinhos passaram a integrar com muita competência a chamada mesa verde.

Eis algumas combinações:

- ✔ **Massas:** Chardonnay e Chianti acompanham os molhos mais robustos.
- ✔ **Risotos:** Pinot Grigio e Pinot Blanc.

- ✔ **Legumes:** Merlot e *rosé*.
- ✔ ***Quiches* e tortas:** Chardonnay, Pinot Gris e Sauvignon Blanc.
- ✔ **Molhos de queijo:** Sémillon, Chardonnay e Sauvignon Blanc.

COMBINAÇÕES ACLAMADAS

- ☺ *Foie gras* e Sauternes
- ☺ Ostras e Chablis
- ☺ Salmão defumado e Riesling
- ☺ Molhos brancos untuosos e Chardonnay
- ☺ Presunto cru e Jerez
- ☺ Presunto e Beaujolais
- ☺ *Pizza* ou molho vermelho e Chianti

Algumas comidas são consideradas de difícil compatibilização com o vinho. Se você fizer questão de tentar alguma delas, opte pelo champanhe ou espumante, que, como foi dito, combinam com a maioria dos pratos.

Amendoim: estraga qualquer vinho. Assim, evite servir vinhos com pratos que levam amendoim, como frango xadrez, caruru e vatapá.

Tira-gostos salgados: passam como um trator sobre o vinho com muito tanino. Melhor nem tentar.

Alho frito: dispensa comentários.

Molho de hortelã: entra em rota de colisão com a maioria dos vinhos. Se tiver de usá-lo (em cordeiros, por exemplo), faça-o com moderação.

Salada temperada com vinagre: vinho e vinagre definitivamente não combinam. Evite.

Peixes e mariscos com vinhos tintos potentes: é briga na certa. O tanino do vinho deixa gosto de metal na boca. Se acontecer, suspenda o vinho imediatamente.

Azeitonas: são tão picantes que brigam com a maioria dos vinhos, mas vão bem com Jerez.

Queijos: falar em queijo e vinho é tão comum que parece que foram feitos um para o outro. Na verdade, só alguns queijos casam bem com vinhos, como já foi apontado.

Também são difíceis: frutas cítricas, ovos, aspargos, alcachofras, chocolates, sopas, cozinha oriental, como a tailandesa, a indiana e a japonesa.

❗ Há quem use o vinho verde português para acompanhar pratos japoneses. Além disso, algumas vinícolas já começam a desenvolver vinhos específicos para essa culinária, inspiradas no crescente número de apreciadores no mundo inteiro.

O VINHO EM OCASIÕES ESPECIAIS

Chame os convidados

Se você está pensando em reunir os amigo para um jantarzinho um pouco mais elaborado em casa, comece desapegando-se da "missão" de acertar em tudo. Compartilhar a companhia dos amigos é muito mais importante do que se preocupar com aquele vinho que estranhou o alho – o que só você deve ter notado. Em nosso caso, organizar um jantar é praticar. E quem pratica treina, não tem compromisso com a perfeição. O prazer deve vir em primeiro lugar.

Quantidade de vinho: você pode adotar o seguinte cálculo por pessoa: duas taças para a entrada, duas para o prato principal e uma para a finalização, com a sobremesa (lembrando que, nesse último caso, o vinho é sempre mais alcoólico e faz as vezes do licor). Uma garrafa de 750 ml serve generosamente seis taças, daí é só fazer as contas de acordo com o número de convidados. É melhor sobrar do que faltar, portanto tenha sempre garrafas de reserva, pois os amigos podem se empolgar com a bebida, o que não é raro.

> Se você estiver pensando em oferecer apenas algumas coisinhas para beliscar (não um jantar), calcule meia garrafa por pessoa.

Sequência: dos leves aos encorpados – essa é a sequência ideal dos vinhos a serem servidos.

Taças: se você tiver em casa uma boa coleção delas, ótimo! Use uma para cada tipo de vinho – branco, tinto, sobremesa. Caso contrário, o convidado pode usar a mesma taça para vinhos brancos e tintos – não há problema nenhum nisso. Para espumantes, o ideal é a taça *flûte*, que permite apreciar melhor as bolhas (*perlage*). Confira os tipos de taças nas pp. 84-85.

Temperatura: cuide para que a temperatura dos vinhos esteja adequada no momento de servir. Esse pequeno planejamento deve ser feito antes de os convidados chegarem.

Quanto gastar?

Os vinhos não devem nunca pesar no bolso. Você pode "balancear" o gasto, oferecendo um rótulo um pouco mais caro para acompanhar o prato principal e garrafas baratas e de qualidade para os demais. Outra possibilidade é definir um preço médio para todos os vinhos. Por exemplo, determinar que serão três vinhos diferentes, a preços que não ultrapassem determinado valor.

É possível exercitar sua criatividade e elegância sem se exceder nos custos. Por exemplo, oferecer vinhos de apenas um país ou promover a noite dos brancos, a noite dos tintos, das uvas desconhecidas... São ideias que trazem informação e riqueza ao encontro, mas que devem ser bem dosadas para não parecerem pedantes e, assim, cansarem os convidados.

Se você estiver seguro do que vai oferecer, pode comprar as garrafas num supermercado que mantenha uma boa seção de vinhos. Mas, se tiver dúvida, é melhor recorrer a uma loja especializada, que geralmente conta com um consultor para ajudar os clientes nessas horas. Aí, vale o jogo franco. Informe quanto pretende gastar por garrafa (não se envergonhe se o valor for baixo), o que vai ser servido e o número de convidados. Assim, o funcionário poderá auxiliá-lo com mais eficiência.

! O hábito de tomar vinho deve ser proporcional não só a seu bolso, mas também às ocasiões e à experiência do grupo. Não tem sentido abrir uma garrafa nobre numa reunião descontraída. Grandes vinhos pedem ocasiões especiais, de preferência com a presença de um degustador experiente. Além disso, a prática começa sempre com vinhos simples. Lembre-se de que os vinhos do dia a dia são nossos grandes mestres.

Vinho em restaurante

Nos restaurantes, existe um antigo ritual – aquele em que o cliente prova o vinho antes que o *sommelier* o sirva – que deixa muita gente intrigada. A dúvida mais comum é: o que acontece se o cliente não gostar do vinho que já foi aberto? Devolve a garrafa, e a casa fica no prejuízo?

Em primeiro lugar, essa prova não é para ver se o vinho *é* bom, mas se *está* bom.

Uma vez escolhida a bebida, o responsável pelo serviço de vinho (*sommelier*, *maître* ou o próprio garçom) apresenta a garrafa fechada ao cliente que fez o pedido, para que ele confira no rótulo se é a mesma bebida, safra e uva citadas na carta de vinhos.

Na sequência, o profissional abre a garrafa e serve uma pequena quantidade ao cliente, que deve provar para se certificar de que o vinho está na temperatura adequada e em boas condições, ou seja, de que não está *bouchonné* ou oxidado, condições que habilitam a devolução da garrafa.

Se tudo estiver OK, o cliente dá autorização para que o vinho seja servido. Aí, sim, os demais integrantes da mesa serão servidos. O cliente que provou fica por último.

Se o cliente detectar algum problema, pode pedir ao profissional que experimente o vinho e constate o defeito. Um restaurante sério é elegante o bastante para substituir a garrafa sem questionamentos e, assim, ganhar ainda mais a confiança do cliente.

❦ Esse ritual deve ser feito com discrição e naturalidade. Nada de ficar fazendo "bochecho" com a bebida, mesmo porque se trata de uma refeição e não de um concurso de vinhos.

Alguns restaurantes permitem que o cliente leve o próprio vinho de casa. Nesse caso, é de bom-tom se certificar antes, por telefone, de que a carta de vinhos não tem o rótulo pretendido. Geralmente, o restaurante cobra a taxa de serviço, chamada rolha.

- Se tiver dúvida sobre que bebida combina com determinado prato, recorra ao profissional da casa. Uma das funções dele é justamente orientar os clientes.
- Alguns *sommeliers* trabalham com o *taste-vin*, acessório parecido com um dosador de prata que serve para experimentar o vinho do cliente. O *taste-vin* geralmente fica pendurado ao pescoço por uma corrente.

Almoços de negócios

Em almoços de negócios, o bom senso deve prevalecer. O assunto é trabalho, certo? Então, bebida alcoólica deve ser evitada ou consumida em doses civilizadas. Mas, se algum convidado optar por tomar vinho durante a refeição, é educado acompanhá-lo.

Nesses encontros, são comuns as conversas amenas para quebrar o gelo antes de entrar no assunto que interessa. Evite o tema enofilia, se você não o domina. Alguém da mesa pode ser um grande conhecedor de vinhos e testar suas informações. Se isso acontecer, sua credibilidade estará em risco, assim como uma possível parceria entre o convidado e você.

Se couber a você a "missão" de escolher a garrafa, nunca peça a mais cara da carta. Isso poderá demonstrar que você quer impressionar os presentes, mas não entende nada de vinhos.

Vai namorar?

O vinho é uma bebida amiga do amor. Num jantar a dois, seja num restaurante, seja em casa, é preciso fazer as escolhas certas, e a primeira ideia que vem à cabeça é o champanhe ou espumante. Perfeito! Mas existem outras sugestões também sedutoras.

É só pensar um pouco: pratos pesados, como carnes vermelhas e molhos fortes, definitivamente não combinam com namoro. Ainda bem, pois assim estão descartados todos os tintos encorpados e tânicos (aqueles que amarram a boca – já pensou que desastre?). Sendo assim, ficou bem mais fácil escolher o vinho.

Pratos leves e elegantes, como peixes, carnes brancas e frutos do mar, são os mais indicados em uma ocasião romântica. Ainda bem, pois os vinhos para acompanhá-los também deverão ser leves e elegantes. Veja algumas opções: Sauvignon Blanc, Chenin Blanc, Pinot Gris, Riesling.

Não está descartado ainda um meio-termo, ou seja, pratos nem tão pesados nem tão leves, como massas com molho vermelho, por exemplo. Os tintos aveludados são excelentes acompanhamentos. Pinot Noir, Merlot, Cabernet Franc, Gamay e Malbec darão charme à noite.

Na sobremesa: vinho do Porto, que estimula boas conversas. O resto é com você.

COMPRANDO VINHOS

Em supermercados

Algumas redes oferecem boas seções de vinhos, e algumas até contam com consultores especializados no assunto. Independentemente da marca ou do preço, alguns cuidados costumam ser desprezados pelos consumidores, mas são essenciais para uma boa compra.

Observe se o local destinado aos vinhos está adequado: protegido do sol, do calor, da umidade e de oscilações bruscas. Esses quatro fatores são inimigos do vinho.

Observe se as garrafas estão armazenadas na horizontal. Lembre-se de que as rolhas devem estar sempre em contato com o vinho para não ressecarem, o que permitiria a entrada de oxigênio.

Nunca pegue as garrafas que estão em pé. Elas foram posicionadas na vertical para exibir o rótulo e evitar que o consumidor toque nas demais na hora de escolher. Numa prateleira bem organizada, as garrafas armazenadas abaixo daquelas que estão em pé são do mesmo vinho.

Escolhido o vinho, pegue uma garrafa que está na horizontal, de preferência uma que esteja mais difícil de alcançar. Teoricamente, essa foi bem guardada.

Verifique as condições do rótulo. Se estiver embolorado ou danificado, é melhor descartar o vinho, pois isso indica que a garrafa ficou em local impróprio.

Verifique a rolha. Se estiver expandida para fora, alguma alteração deve ter ocorrido com a bebida. Despreze a garrafa.

Em lojas especializadas

Uma loja de vinhos é, por si só, um local mais requintado, onde é possível encontrar produtos importados, alguns caríssimos. Por isso mesmo, costuma causar algum constrangimento em pessoas que querem apenas levar uma garrafa para acompanhar aquele espaguete despretensioso da noite. Bobagem. As lojas de vinhos precisam de você, e uma das razões é que a maioria das garrafas do estoque é de vinhos jovens, que não podem ficar esperando muito nas adegas, mesmo nas climatizadas. Basta passar alguns minutos observando os rótulos para ver que não só de produtos a preços proibitivos vive esse mercado. Há garrafas baratas e de qualidade.

- **Conte sempre com o auxílio dos profissionais da casa** para se informar sobre as características do vinho, como casta, país produtor, vinícola etc. Se quiser, informe ao atendente quanto pretende gastar. Assim, o relacionamento fica mais objetivo e eficiente.
- **Fique atento às degustações gratuitas oferecidas pela loja.** Geralmente elas são promovidas pelo importador, pela própria loja ou pela vinícola com o objetivo de divulgar determinados vinhos. É uma boa oportunidade para ampliar seu repertório. Peça para incluir seu nome no *mailing list* da loja. Assim, você será informado de promoções, cursos, degustações e novidades. A maioria das lojas oferece esse serviço.

Rótulo não é enfeite

Alguns são sóbrios e distintos; outros, modernos e coloridos. Qualquer que seja o estilo do rótulo, é importante observá-lo com atenção, pois nele estão algumas informações importantes para o consumidor. Em geral, um rótulo contém:

Classificação: indica a qualidade do vinho. Cada país adota regras próprias de classificação. Algumas mais comuns: Vinho de Mesa, Vinho Regional, Vinho de Denominação de Origem Controlada.

Contrarrótulo: pode conter informações sobre a vinícola, a uva, a safra e o método de vinificação. Inclui ainda o registro no Ministério da Agricultura, endereços, contatos etc.

Marca ou nome do produtor: é a assinatura do vinho.

Numeração: em reservas especiais, alguns produtores costumam numerar as garrafas e o lote.

Safra: o ano da colheita da uva. Se for uma grande safra, o preço do vinho é mais alto.

Teor alcoólico: uma pista importante sobre o corpo do vinho (leve, médio ou encorpado). Quanto maior o teor, mais encorpado tende a ser o vinho, embora outros fatores também contribuam para o corpo.

Uva: o nome da casta que predomina no vinho, caso seja um varietal. Em vinhos de corte ou *assemblage*, pode aparecer o nome de mais de uma uva.

Volume: quantos mililitros de vinho contém a garrafa. A maioria traz 750 ml.

✔ **Só para constar:** No Brasil, acontece uma coisa curiosa com os vinhos importados. Nossa legislação exige que se informem, na embalagem, os ingredientes do produto. Acontece que em outros países, como a França, por exemplo, não existe essa obrigatoriedade. Para contornar o problema, os importadores costumam acrescentar um novo contrarrótulo à garrafa para atender às exigências internas. Muitas vezes, esse contrarrótulo quebra a harmonia da garrafa, mas é absolutamente necessário.

Estes são alguns formatos de garrafas que você vai encontrar nas prateleiras: bordalesa (originária de Bordeaux) (1), de Borgonha (2), alemã (da Alsácia/Reno) (3), de champanhe (4) e de vinho do Porto (5).

As garrafas recebem uma proteção no gargalo, chamada de cápsula. O material da cápsula também deve ser observado, pois indica, em parte, a categoria da bebida.

Cápsula de chumbo: usada em vinhos finos, de qualidade. Garante maior proteção e torna a garrafa mais elegante, porém é mais cara para o produtor e não impede possíveis contaminações.

Cápsula de alupoli: mais barata que a de chumbo e usada em vinhos de segunda linha.

Cápsula de plástico: usada em vinhos de mesa, tem baixo custo para o produtor, porém pode sofrer variação com o calor.

✔ **Só para constar:** Estão começando a ser comercializadas no Brasil as caixas de vinho, que armazenam entre quatro e cinco litros. Essas caixas preservam a bebida por cerca de trinta dias e são dotadas de uma válvula que impede a entrada de ar ao servir o vinho. É uma boa alternativa para aqueles que fazem questão de tomar uma taça por dia e não querem abrir uma garrafa para isso.

Acessórios

Agora que você frequenta lojas especializadas, já pode pensar em adquirir alguns acessórios importantes para servir o vinho.

Do que você realmente precisa?

Aqui é necessário falar um pouco mais dos copos. O formato deles auxilia a apreciação da bebida. O nível que o vinho a ser servido deve atingir é a parte de maior diâmetro da taça, para que a bebida tenha uma boa superfície para liberar os aromas. Estes vão atingir o nariz do apreciador na parte mais afunilada do copo, permitindo melhor identificação das nuances. Só isso bastaria para justificar a importância de se utilizar a taça correta.

Outra boa justificativa: lembra-se da pequena lição de anatomia, segundo a qual os sabores doce, ácido, amargo e salgado são perceptíveis em diferentes áreas da língua? Pois veja que sofisticação: algumas taças foram desenhadas para fazer com que o vinho "invada" a boca de acordo com suas características. Por isso, existem taças diferentes para vinho tinto, branco, espumante ou doce. Elas "provocam" a língua de maneiras diferentes.

| ISO | Bordeaux | Borgonha | Branco |

Porto   Sobremesa   *Flûte*   Tradicional

☹ **A má notícia:** ter uma boa coleção de taças para cada tipo de vinho custa caro, mesmo porque, nesse caso, não há como abrir mão do cristal, que é um material nobre.

☺ **A boa notícia:** você não precisa ter uma coleção para cada tipo de vinho. Existe uma taça, a ISO (International Organization for Standardization), que é um achado em termos de desenho geométrico. Ela funciona bem para qualquer vinho, com exceção dos espumantes e champanhes, e é usada em degustações técnicas no mundo inteiro.

✔ **Só para constar:** A taça ISO tem: 15,5 cm de altura; 5,5 cm de haste; 4,6 cm de diâmetro de boca; e 6,5 cm de diâmetro de bojo.

Outros acessórios que você deve ter

Balde de gelo: não é frescura, como muitos pensam. O balde de gelo é um acessório útil para manter a temperatura do champanhe, espumante e vinho branco. Pode e deve ser levado à mesa, pois evita o abre e fecha da geladeira para manter a bebida fresca.

Colmeia: compartimento para armazenar o vinho na horizontal. Existem móveis desenhados para esse fim, e há quem opte por utilizar tijolos vazados, de seis faces, pois oferecem boa proteção contra o calor e a luz.

Corta-cápsula: serve para retirar a tampa da cápsula, aquela lâmina que envolve o gargalo e protege a rolha. (Você já deve ter usado uma faca para cortar a cápsula.)

Saca-rolhas: a rolha deve ser retirada com o mínimo de esforço possível, daí a importância de um bom saca-rolhas. Alguns modelos mais comuns: em forma de T, de alavanca única (preferido dos garçons), de alavanca dupla e os contrarroscas, considerados os melhores (os da marca Screwpull Le Creuset são os mais famosos). Opte por um saca-rolhas com revestimento de Teflon. Evite aqueles com eixo maciço, pois arrebentam a rolha.

Salva-gotas: anel que deve ser colocado no gargalo da garrafa aberta. Ele impede que o vinho pingue na mesa ou escorra na garrafa ao ser servido.

✔ **Só para constar:** Não é raro a rolha se partir na operação de retirada. Às vezes parte dela fica no saca-rolhas, e o restante no gargalo. Tente usar novamente o saca-

-rolhas. Se não conseguir, o jeito é empurrá-la para dentro da garrafa. Isso não traz nenhum prejuízo para o vinho, caso a rolha não esteja embolorada. Se as partículas da cortiça na taça incomodarem, retire-as e aproveite o vinho.

Adquira quando puder

Adega climatizada: existem adegas climatizadas de vários tamanhos e capacidades. São o jeito mais seguro de preservar o vinho, mas custam caro e devem ser adquiridas apenas por quem já está suficientemente envolvido com vinho e pensa em iniciar um estoque.

Decantador: trata-se de uma jarra bojuda, para onde se transfere o vinho da garrafa. A operação chama-se "decantar" e serve para "arejar" vinhos tintos jovens, com taninos muito acentuados. Em alguns casos, o procedimento é feito para separar sedimentos (a borra) dispersos no vinho.

Fechador a vácuo: retira o ar e veda a garrafa. Usa-se para armazenar o vinho que sobrou, com o mínimo de prejuízo de suas propriedades.

Termômetro: o modelo mais prático é aquele que abraça a garrafa como um bracelete. Alguns modelos informam a temperatura ideal para cada tipo de vinho e facilitam bastante a consulta.

✓ **Só para constar:** Uma pergunta que se faz com frequência é por quanto tempo se pode guardar uma garrafa já aberta. A resposta é: por menos tempo possível. O contato com o oxigênio altera bastante as características da bebida, especialmente se não for um vinho fortificado ou generoso, como o do Porto. Se você não tiver um fechador a vácuo em casa, use a própria rolha e mantenha a garrafa na porta da geladeira. Consuma o vinho em dois dias, no máximo. Mas, pensando bem, não é tão difícil assim "enxugar" uma garrafa inteira, lembrando que essa é uma bebida que não se toma só.

Rolha, essa pequena maravilha

Rolhas longas informam que o vinho tem estrutura para envelhecer.

A rolha natural é extraída do sobreiro, árvore comum na península Ibérica. De Portugal sai 50% de toda a cortiça do mundo.

Para extrair a cortiça de rolha é preciso respeitar o longo ciclo da árvore. A primeira extração é feita quando o sobreiro atinge 25 anos. Depois, é preciso esperar mais nove anos para fazer a segunda extração, e outros nove para finalmente obter a cortiça de rolha.

Muitas vinícolas têm preferido usar rolhas sintéticas ou tampas de rosca para vedar garrafas de vinhos jovens. Já para espumantes e vinhos de guarda, a rolha natural ainda é insubstituível.

8 COMO SE FAZ O VINHO

Branco, tinto, *rosé*, fortificado, espumante... Cada vinho exige método próprio de vinificação, ou seja, procedimentos técnicos que buscam extrair a qualidade máxima da uva. Não cabe aqui detalhar esses processos, mas é possível selecionar informações básicas que permitam entender um pouco mais das características do vinho. A partir de agora, você vai se deparar com nomes e marcas de que certamente já ouviu falar ou encontrou em lojas e supermercados.

Leveduras em ação

Para obter um vinho de qualidade, é imprescindível conduzir bem a fermentação. Controle de temperatura e adição de leveduras cultivadas são dois procedimentos importantes que favorecem a fermentação. Sobre esse assunto é importante destacar:

Fermentação alcoólica ou tumultuosa: é a fermentação inicial, que transforma o açúcar da uva em álcool, através da ação de leveduras. Para vinhos tintos, é feita com a presença das cascas e das sementes; para brancos, elas são descartadas.

Fermentação malolática: fermentação secundária, que transforma o ácido málico (presente na maçã), que é mais agressivo, em ácido láctico, mais agradável. Pode ocorrer naturalmente ou ser provocada pela adição de leveduras. Confere ao vinho toques de manteiga e caramelo.

Os vinhos brancos

Em geral, os vinhos brancos são frescos, jovens, repletos de aromas, que vão dos florais às frutas brancas, passando por baunilha, minerais e herbáceos. Para obter um bom vinho branco, os produtores devem ficar atentos: quanto mais cedo as uvas colhidas chegarem à vinícola, melhor, pois assim não se corre o risco de iniciar a fermentação ainda no campo. No processo de vinificação, as cascas e as sementes são desprezadas, pois podem conferir aos vinhos taninos e outras substâncias que aqui são indesejáveis. Para isso, a uva passa por um processo especial e muito delicado de esmagamento. Os vinhos brancos são feitos quase que exclusivamente com o mosto (parte líquida da uva). Eles podem ser:

Leves e secos: de 9% a 12% de teor alcoólico. Exemplos: vinho verde (Portugal), Navarra (Espanha), Pouilly-sur-Loire (França).

Secos e amplos: 12% de teor alcoólico. Exemplos: Viña Sol (Espanha), Orvieto (Itália), os Chardonnay e Riesling alemães.

Secos e concentrados: de 11% a 14% de teor alcoólico. Exemplos: Torgiano (Itália), Rioja envelhecido (Espanha), Chablis (França), Hermitage Blanc (França).

Aromáticos: de 11% a 13% de teor alcoólico. Exemplos: Pinot Grigio (Itália), Moscatel e Sauvignon Blanc.

Meio-secos (*demi-sec*): de 6% a 14% de teor alcoólico. Exemplos: Moscato d'Asti (Itália), Lambrusco (Itália), Liebfraumilch (Alemanha), Recioto di Soave (Itália).

Doces ou licorosos: de 9% a 15% de teor alcoólico. Exemplos: Riesling Auslese (Alemanha), Monbazillac (França), Passito di Pantelleria (Itália), Tokaji Aszú (Hungria).

Os vinhos tintos

Se, para os vinhos brancos, as cascas e as sementes são necessariamente descartadas, para os tintos ocorre o contrário. São desejáveis muitos dos elementos naturais contidos nas sementes e cascas, como a matéria corante e os taninos, pois estes contribuem para a intensidade da cor e a complexidade do vinho. A casca também é rica em taninos e antioxidantes. Polpa, casca e sementes se misturam e trocam benefícios. Os tintos formam um grupo muito amplo, em que constam vinhos leves, encorpados, licorosos, frisantes, jovens, de guarda etc. Eles podem ser:

Leves, frutados, jovens: de 10% a 12% de teor alcoólico. Exemplos: Bardolino (Itália), Beaujolais e Beaujolais Nouveau (França), Valpolicella (Itália).

Corpo médio: de 12% a 13% de teor alcoólico. Exemplos: vinhos da Bairrada (Portugal), Beaujolais-Villages e Crus (França), Chianti (Itália), Montepulciano d'Abruzzo (Itália), Côtes du Rhône (França).

Encorpados, potentes: de 12% a 14% de teor alcoólico. Exemplos: vinhos do Dão e do Douro (Portugal), vinhos feitos com Nebbiolo, como o Barbaresco e o Barolo, Brunello di Montalcino (Itália), Châteauneuf-du-Pape (França).

De guarda: de 12% a 13% de teor alcoólico. Exemplos: Bordeaux Cru Classé (França), Chianti

Classico Riserva (Itália), Rioja Reserva e Gran Reserva (Espanha), Vino Nobile di Montepulciano (Itália).

Vinhos especiais: de 14% a 17% de teor alcoólico. Exemplos: Valpolicella Amarone, Sagrantino di Montefalco, Vin Santo, Recioto Della Valpolicella (Itália), Priorato (Espanha), Black Muscat (Califórnia e Austrália).

Os vinhos *rosés* ou rosados

Nada mais são do que uvas tintas vinificadas como vinho branco, ou seja, o contato do mosto com a casca é controlado. Existem outros métodos de obter vinhos rosados, mas os de melhor qualidade são feitos por esse processo. Enófilos sempre consideraram os *rosés* vinhos menores, mas os produtores têm brigado para reverter esse quadro, e hoje se vê um crescente interesse mundial por esse tipo de vinho. Apresentam graduação alcoólica bastante variada – de 10% a 14% –, mas em geral são frescos e simples. Exemplos: White Zinfandel, White Grenache (Califórnia), Bardolino Chiaretto, Cirò (Itália), o *rosé* de Provence, Anjou (França), Navarra (Espanha).

Champanhe e espumantes

Esses são vinhos geralmente brancos, com presença acentuada de gás carbônico, obtido de uma segunda fermentação.

Champanhe: a palavra champanhe ou *champagne*, por lei, só pode ser aplicada aos vinhos feitos na região francesa de Champagne. Lá, a bebida é elaborada com as uvas Pinot Noir, Pinot Meunier e Chardonnay. A legislação local determina também que seja utilizado apenas o método *champenoise* na elaboração desse vinho. Os champanhes estão entre as bebidas mais cobiçadas e elegantes do mundo. Exemplos: Moët & Chandon, Veuve Clicquot, Pommery, Taittinger, Louis Roederer, Laurent-Perrier, Heidsieck, Dom Pérignon, Krug, Bollinger.

Espumantes: são todos os "champanhes" feitos fora da região de Champagne. Podem ser elaborados tanto pelo método *champenoise* como pelo método *charmat*. Muitos outros países produzem espumantes. Fora da região de Champagne há mais flexibilidade nos métodos de fabricação e nos cortes de uvas. Exemplos: Asti, Prosecco (ambos da Itália), Cava (Espanha).

✔ **Só para constar:** O espumante brasileiro é um dos mais elogiados do mundo. Além do esforço dos produtores nacionais, que têm investido muito em tecnologia, o clima da Serra Gaúcha é semelhante ao de Champagne.

Assim, a maioria das vinícolas nacionais tem seu vinho espumante.

> **TROCANDO EM MIÚDOS**
>
> ***Champenoise* (ou *champenois*):** método tradicional de elaborar champanhes e espumantes. A segunda fermentação do vinho, a qual fornece as desejadas bolhas (*perlage*), ocorre na própria garrafa.
>
> ***Charmat*:** vem de Eugène Charmat, enólogo francês que desenvolveu um novo processo para obter espumantes em grandes quantidades. A segunda fermentação é provocada em tanques de inox (autoclaves).

Os vinhos de sobremesa

São os vinhos doces. Podem ser obtidos por três processos: fortificação, uso de uvas passificadas ou dessecadas e uso de uvas botritizadas.

Fortificação: o processo de fermentação é interrompido pela adição de álcool vínico ou aguardente vínica ao mosto, paralisando a ação das leveduras. Assim, tem-se um vinho com muito açúcar residual e alto teor alcoólico. Exemplos: os vinhos do Porto, o Marsala e os vinhos doces do sul da França, como o Muscat de Rivesaltes e o Muscat de Beaumes-de-Venise. Já para a elaboração dos Jerez da Espanha, completa-se a fermentação e adiciona-se suco de uva para obter o açúcar desejado.

Uvas passificadas ou dessecadas: usam-se uvas desidratadas, em que a concentração de açúcar é intensa. A desidratação pode ocorrer no pé (colheita tardia, ou *late harvest*) ou por secagem sob o sol. Exemplos: Vin Santo, Recioto Amarone de Valpolicella, Passito, Vin de Paille.

Uvas botritizadas: são uvas contaminadas pelo *Botrytis cinerea*, fungo que ataca a fruta, provocando seu ressecamento, mas concentrando o açúcar. Isso é chamado de podridão nobre. O resultado são vinhos de alta qualidade e aromas especiais. O mais famoso deles é o Château D'Yquem, de Sauternes, na França. O fenômeno do *Botrytis cinerea* ocorre também na Hungria (onde são elaborados os Tokay), Áustria e Alemanha, entre outros países.

✓ **Só para constar:** A graduação alcoólica dos vinhos doces vai de 14% a 21%.

Uvas: miúdas fantásticas

Estas são as uvas viníferas mais conhecidas:

Tintas

Barbera: originária da Itália, muito cultivada na região do Piemonte. Aromas: frutas passificadas, cereja.

Cabernet Franc: originária de Bordeaux, França, onde é usada no corte de vinhos tradicionais. É utilizada também na elaboração do vinho *rosé* Anjou, do vale do Loire. É ainda o principal componente dos famosos Château Cheval Blanc e Château L'Angélus, ambos da região de Saint-Emilion. Aromas: herbáceos e vegetais, pimenta-verde, casca de batata.

Cabernet Sauvignon: originária de Bordeaux, é considerada a rainha das tintas. Produz excelentes vinhos, geralmente encorpados, dotados de muita cor e bons taninos. Aromas: groselha preta, ameixa-preta e cassis, no vinho jovem; couro, caça, chocolate e azeitona, no vinho envelhecido; caixa de charuto, cedro e tabaco, em vinhos que passaram por carvalho.

Carmenère: originária de Bordeaux, mas pouco cultivada na Europa hoje em dia. A Carmenère vem se destacando no Chile, devido à boa adaptação e aos vinhos agradáveis que produz. Aromas: frutas vermelhas, compotas, flores.

Gamay: casta famosa da região de Beaujolais, França. Produz vinhos jovens, frescos, que devem ser consumidos em pouco tempo. É a uva do Beaujolais Nouveau. Aromas: banana, doce de banana, caramelo e frutas frescas, como morango.

Merlot: originária de Bordeaux. Produz vinhos macios, aveludados, muito agradáveis. Costuma ser usada em cortes com Cabernet Sauvignon para conferir delicadeza ao vinho e aparar "arestas". Aromas: frutas pretas, ameixa, chocolate.

Nebbiolo: também chamada de Spanna, Inferno e Grumello, é originária da Itália. Usada na elaboração dos famosos Barolo e Barbaresco, vinhos muito potentes e encorpados. Aromas: ameixa seca, chocolate amargo, bolo de frutas, alcatrão, rosa e violeta.

Pinot Noir: casta nobre usada nos grandes vinhos da Borgonha, França. Uva muito elegante, usada também na elaboração de champanhes. Aromas: morango, framboesa, rosa, violeta; em vinhos mais maduros observam-se também caça, animal, alcaçuz, cogumelo, terra úmida.

Sangiovese: uva clássica da região da Toscana, Itália. Produz vinhos de corpo médio a encorpado. Aparece na composição dos Chianti, dos "super-Toscanos", em cortes com Cabernet Sauvignon. Aromas: cereja, ervas, especiarias e tabaco.

Syrah (ou Sirah, ou ainda Shiraz): originária do vale do Rhône, França. Uva bem adaptada no Chile, Austrália e Nova Zelândia. Produz vinhos elegantes, sedutores, sensuais. Aromas: frutas escuras maduras, como amora, framboesa e groselha; são observados também aromas mais complexos, como gengibre, chocolate, alcaçuz, couro, alcatrão, especiarias.

Tannat: cultivada na região dos Pireneus, França, e bem adaptada no Uruguai. Produz vinhos muito potentes, de cor intensa. Aromas: frutas pretas, geleias, especiarias.

Tempranillo: originária da região de Rioja, Espanha, é muito cultivada em Portugal, com outros nomes. Produz vinhos complexos, de cor intensa e bem estruturados. Aromas: morango, framboesa e outras frutas vermelhas, além de tabaco e especiarias.

Touriga Nacional: principal uva portuguesa. Produz vinhos encorpados e elegantes, com boa estrutura para envelhecimento. Aromas: cassis, ameixa, frutas pretas e violeta.

Zinfandel: é a uva californiana. Produz muitos vinhos diferentes, desde os fortificados ao estilo do Porto até os *rosés*. Os vinhos secos são potentes, encorpados e expressivos. Aromas: frutas vermelhas escuras e especiarias, como a pimenta-do-reino.

Brancas

Chardonnay: originária da região da Borgonha, é considerada a rainha das brancas. Produz vinhos com bom teor alcoólico e alta acidez. É usada ainda na elaboração de champanhes, espumantes e vinhos licorosos. Aromas: cítricos, mel, baunilha, frutas frescas, como maçã, pera, abacaxi, pêssego, maracujá.

Chenin Blanc: muito cultivada no vale do Loire (onde recebe o nome de Pineau de Loire). Gera vinhos de muita tipicidade, frescos e fragrantes. Aromas: damasco, maçã, mel, nozes.

Gewürztraminer: casta muito cultivada na Alemanha e na França. Essa uva se adaptou bem em outros países, inclusive no Brasil. Produz vinhos muito aromáticos, marcantes e frescos. Aromas: rosa, lichia, mel, canela.

Moscatel: dá origem a vinhos espumantes, secos ou licorosos bastante apreciados. Moscato d'Asti e Moscatel de Valência são alguns vinhos feitos com essa uva. Aromas: cítricos, uva moscatel, pera, açúcar mascavo, rosa, flores brancas.

Pinot Gris: originária da Alsácia, França. Na Itália é conhecida como Pinot Grigio. Seu vinho é possante, encorpado e intenso. Aromas: melão, pêssego, casca e polpa de frutas brancas.

Riesling: uva de origem germânica, muito prestigiada e cultivada no mundo inteiro. Resulta em excelentes vinhos, especialmente na França e na Alemanha. Aromas: cítricos, abacaxi, pêssego, maçã verde, maçã cozida, marmelo, minerais e florais.

Sauvignon Blanc: acredita-se que seja originária do sudoeste da França. É cultivada nas regiões de Bordeaux e Loire e em outros países. Seu vinho é seco, elegante e fresco. Aromas: herbáceos, grama cortada, melão, groselha, maracujá.

Viognier: originária das proximidades do rio Rhône, França. Seu vinho apresenta complexidade de aromas, sendo o mais famoso deles o Condrieu. Aromas: flores brancas, amêndoas, damasco.

Para não passar do ponto

Todo vinho tem seu auge, o momento em que está pleno, pronto para ser consumido, quando todas as qualidades que se espera dele estão presentes. Esse auge, mesmo em vinhos de um único produtor, elaborados com a mesma varietal, pode sofrer variações, de acordo com a safra e as condições de armazenagem. Mas ainda assim é possível adotar alguns prazos como tempo máximo para se guardar o vinho:

- ✔ **1 ano:** Beaujolais Nouveau, Gamay.
- ✔ **2 anos:** vinhos verdes portugueses, vinhos brancos e tintos leves.
- ✔ **3 anos:** tintos e brancos europeus, como alguns Chianti, Lambrusco, Frascati, Valpolicella; a maioria dos *rosés*, espumantes e tintos brasileiros.
- ✔ **4 anos:** brancos europeus, tintos brasileiros, alguns chilenos e argentinos.
- ✔ **7 anos:** bons tintos europeus, os melhores tintos brasileiros.
- ✔ **10 anos:** grandes brancos europeus, em especial das regiões de Borgonha, Auslese, Alsácia, Rioja.
- ✔ **15 anos:** grandes tintos europeus, das regiões de Bordeaux, Borgonha, Alsácia, Rioja.
- ✔ **25 anos:** grandes tintos europeus, como os das regiões de Bordeaux, Borgonha, Barolo; e brancos, como

os vinhos botritizados da França, Alemanha e Hungria.

✔ **50 anos:** safras excepcionais de vinhos europeus, vinhos fortificados, como Porto Vintage, Madeira e Jerez.

Não passe vergonha: entenda o enologuês

Você ainda vai ouvir estas palavras:

Ann Noble: professora de enologia da Universidade da Califórnia, criou a Roda dos Aromas, uma espécie de painel com a classificação de todas as famílias de aromas, adotado no mundo inteiro.

Caráter: atributo que distingue um vinho dos demais; personalidade.

Chaptalização: adição de açúcar ao mosto para garantir um vinho de maior teor alcoólico. A prática é lícita, mas cada país tem suas próprias regras de controle do procedimento. A palavra vem de Jean-Antoine Chaptal (1756-1832), francês que criou o processo.

Claret: palavra inglesa para Bordeaux tinto.

Cru: classificação de um vinhedo de grande qualidade na França.

Cru Classé: vinho originado de um Cru. Expressão muito usada na região de Bordeaux.

Cuvée: palavra francesa que designa um volume de vinho resultante de um único processo de elaboração, realizado no mesmo momento e nas mesmas condições.

Domaine: palavra francesa que significa "propriedade vinícola".

Engaço: ramificação que prende o cacho de uvas.

Foxy: palavra inglesa usada para designar o aroma de vinhos provenientes de uvas americanas ou com cheiro de raposa. *Fox* ou *foxé*, na França.

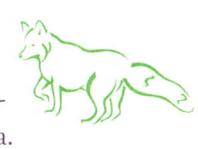

Garrafeira: vinho português envelhecido de grande qualidade.

Generoso: vinho licoroso português. Vinho do Porto, Madeira, Carcavelos e Moscatel de Setúbal.

Grand Cru: vinho de grande qualidade. Expressão usada nas regiões de Bordeaux e Borgonha.

Grand Cru Classé: são os melhores vinhos de Bordeaux.

Grapa: aguardente de uva.

Late Harvest: literalmente, colheita tardia. Vinhos doces brancos elaborados com uvas muito maduras.

Michel Rolland: prestigiado enólogo francês que presta consultoria a mais de cem vinícolas em doze países no mundo inteiro. No Brasil, a Miolo conta com seus conhecimentos técnicos.

Riedel: de Claus Riedel, austríaco que desenvolveu a coleção de taças para vinhos mais elogiada que existe. Desde 1756, quando começaram a ser fabricadas, as taças Riedel são consideradas obras de arte da geometria.

Robert Parker: crítico de vinhos americano que se tornou uma autoridade mundialmente respeitada. Ele publica a revista bimestral *The Wine Advocate*, em que pontua vinhos do mundo todo. Sua avaliação é capaz de derrubar ou elevar o preço de um vinho. Por conta desse prestígio surgiu a expressão "vinho parkerizado", usada para designar aquele vinho elaborado de acordo com o gosto pessoal de Parker, com o objetivo de obter boa pontuação em seu guia. Esse seria um vinho escuro, denso e complexo.

Vintage ou Vintage Port: vinho do Porto produzido com uvas de uma só colheita, de alta qualidade. É o melhor Porto de todos. Vintage designa também o ano da safra ou colheita.

Vitivinicultura: palavra que designa o estudo de tudo que está relacionado à elaboração do vinho, da viticultura (ciência do cultivo das vinhas) à vinificação.

Não deixe que seu amor pelo vinho faça de você um enochato

Se você abriu este livro algumas vezes, imagino que não seja mais leigo no assunto. Pelo menos, esse é o objetivo principal destas páginas. Sendo assim, está na hora de dizer uma coisa importante: você corre o risco de se tornar um eno-chato. Calma! Todos os enófilos passam por isso. A cultura do vinho é fascinante, e ao primeiro contato com ela queremos logo compartilhar com a família, os amigos ou os conhecidos tudo que aprendemos. Esse é o problema. Nem sempre as pessoas estão ligadas em sua frequência. Portanto, é preciso tomar uma vacina preventiva. Vamos lá:

Diante dos amigos, evite ficar descrevendo o vinho como se estivesse numa degustação técnica: "Reflexos violáceos, aromas complexos, taninos educados, retrogosto persistente..." Seu interlocutor vai sonhar com uma cerveja gelada diante de tão rico comentário.

Não critique o vinho oferecido por um amigo, mesmo que você o deteste. Guarde com você comentários como "falta corpo", "pobre em aroma", "alcoólico demais". Seja discreto e deixe o vinho descansando eternamente no copo.

Em um restaurante, no serviço de vinho, prove-o rapidamente. Não é necessário ficar meia hora agitando e cheirando o copo. Esse é um dos sintomas clássicos do enochato.

Evite entrar em discussões inflamadas sobre o melhor vinho, a safra inesquecível, a uva mais importante. O melhor vinho é aquele que mais lhe agrada, essa é a grande verdade.

Petróleo, raposa molhada, carne de caça, pelo queimado, chão de folhas úmidas no bosque... Assim são descritos os aromas de alguns vinhos especiais. Especiais, certo? Não aqueles disponíveis na maioria das adegas particulares. Portanto, esqueça essas expressões.

Lembre-se de que existem ocasiões certas para você exibir seus conhecimentos sobre vinhos. Restaurantes, reuniões com os amigos, jantares informais são ocasiões descontraídas, de lazer. Nada de ficar discursando sobre as qualidades da uva X, da safra Y, do produtor Z.

Por fim, sempre que necessário, repita esta frase como se fosse uma oração: "Só existem aprendizes de vinho; só os humildes aprendem sobre vinhos".

FINAL DO COMEÇO
Agora é com você

Chegamos ao final. Ou melhor, ao final do começo. De agora em diante, as grandes lições virão da própria bebida. Para conhecer vinho é preciso tomá-lo. Tintos, brancos, doces; baratos, caros, mais ou menos; leves, médios, encorpados; franceses, chilenos, brasileiros; enfim, todos eles têm informações a dar. E, quanto mais garrafas abertas, mais cultura se adquire. A prática é necessária, fundamental, compensadora.

Se, além de praticar, você quiser se aprofundar no assunto, existem muitas opções: cursos, degustações conduzidas, confrarias, literatura, páginas na Internet, enfim, o vinho está em alta e não é difícil encontrar meios de se especializar. Esse campo de estudo não tem fim. Por isso mesmo, é preciso estar atento para não se afastar do objetivo final da enofilia: o prazer de apreciar um vinho. Se sua curiosidade intelectual estiver em harmonia com esse prazer, você realmente merece um brinde. Saúde!

APÊNDICE

MAPA MUNDIAL

A produção mundial de vinhos está dividida em Velho Mundo e Novo Mundo. No primeiro grupo estão os países europeus de longo prestígio na elaboração de vinhos nobres, como França, Itália, Portugal, Espanha, Hungria e Alemanha. No segundo time poderíamos dizer que estão os demais países, destacando-se os emergentes – Estados Unidos, Austrália, Nova Zelândia, África do Sul – e a América do Sul, com Chile, Argentina, Uruguai e Brasil. Prepare-se para viajar.

Velho Mundo, velhos sábios

Não é exagero dizer que o prestígio do vinho e também seu *status* como bebida nobre devem-se aos produtores do Velho Mundo. O título acima também não carrega nenhum exagero. Velhos sábios, sim, pois foram eles os primeiros a entender o valor do *terroir* e a importância de se estabelecer regras para a produção de vinhos. O *terroir*, especialmente na França, é a carteira de identidade do vinho. O apreciador que saiba fazer distinções vai confirmar na degustação o que está no rótulo. Isso porque a bebida deve refletir sua origem, sua alma, seu *terroir*. Mais importante do que citar as uvas que compõem os vinhos é apontar o país e a região de onde eles vêm.

França

Por onde começar? Ou melhor, como resumir 2.500 anos de história do vinho em tão poucas páginas? Bem, vamos tentar pelo que se encontra nas prateleiras. Às uvas, então.

São francesas as grandes castas viníferas que hoje fazem a alegria de enófilos do mundo inteiro. Cabernet Sauvignon, Chardonnay, Merlot, Pinot Noir, Sauvignon Blanc, Cabernet Franc e outras são castas francesas, mas cultivadas em muitos outros países e bem adaptadas a eles.

A França tem uma legislação austera, que torna seu vinho sinônimo de capricho e rigor. Não por acaso, o país é a grande escola de enologia para produtores do mundo inteiro, ainda que países emergentes busquem novos estilos de vinhos. Além disso, é um produtor e consumidor notável também em números: anualmente, produz cerca de sessenta milhões de hectolitros e consome sessenta litros *per capita*. Com tanto vinho assim, é evidente que não basta ser francês para ser bom. Existe muito vinho francês de qualidade duvidosa, por isso, na hora da compra, é importante observar no rótulo a região e o produtor.

Procure nos rótulos as classificações:

Vin de Table (Vinho de Mesa): categoria composta por vinhos simples, mais baratos, provenientes de várias regiões, em especial do Midi (Sul).

Vin de Pays (Vinho Regional): de categoria superior ao Vin de Table, esse vinho é proveniente de regiões determinadas, especialmente do Sul.

Vin Délimité de Qualité Supérieure – VDQS (Vinho Delimitado de Qualidade Superior): antecede a categoria máxima dos vinhos franceses. São aqueles provenientes de regiões pequenas.

Vin d'Appellation d'Origine Contrôlée – AOC (Vinho de Denominação de Origem Controlada): nessa categoria estão os grandes vinhos franceses. As normas de produção são estabelecidas pelo Institut National des Appellations d'Origine (INAO), com sede em Paris.

São sete as principais regiões produtoras:

Bordeaux

No mapa: Sudoeste da França, na confluência dos rios Garonne e Dordogne.

❗ É a região vinícola mais importante da França. De lá saem os grandes vinhos do mundo – os mais caros também.

Castas mais comuns: tintas – Cabernet Sauvignon, Malbec, Cabernet Franc, Merlot, Petit Verdot; brancas – Sauvignon Blanc, Muscadelle, Sémillon, Merlot Blanc.

É composta por sete sub-regiões: Graves, Médoc, Sauternes-Barsac, Entre-Deux-Mers, Pessac-Léognan, Pomerol e Saint-Emilion. Médoc é a mais famosa, dividida nas seguintes comunas, do sul para o norte: Margaux, Moulis, Listrac, Saint-Julien, Pauillac e Saint-Estèphe.

Não morra sem experimentar: Château Mouton-Rothschild, Château Lafite-Rothschild, Château Latour, Château Margaux, Château Pétrus, Château Haut-Brion, Château D'Yquem.

Borgonha

No mapa: Centro-Oeste da França.

- É considerada a segunda região vinífera mais importante do país. Produz brancos e tintos.

Castas mais comuns: tintas – Pinot Noir, Gamay; brancas – Chardonnay, Pinot Blanc, Aligoté. A

Borgonha (Bourgogne) tem a seu favor o branco seco Montrachet e o tinto Romanée-Conti, dois dos maiores vinhos da França e, portanto, do mundo. De lá também são o branco Chablis e os tintos Beaujolais, inclusive o festivo Beaujolais Nouveau.

É composta por cinco principais sub-regiões: Chablis, Côte d'Or, Chalonnais, Mâconnais e Beaujolais.

Não morra sem experimentar: Le Montrachet, La Romanée-Conti, Château Fuissé, Clos du Roy.

Champagne

No mapa: Nordeste da França.

É uma das regiões mais importantes do país, pela produção dos desejados champanhes. Nas cidades de Epernay, Reims e Ay, próximas ao rio Marne, prospera o vinho borbulhante, sinônimo de alegria, sofisticação e elegância. Pelas leis locais, o champanhe só pode ser elaborado com as uvas tintas Pinot Noir e Pinot Meunier e com a branca Chardonnay. O método de produção também é único, o *champenoise*, em que a segunda fermentação, a que produz as bolhas, ou *perlage*, se dá na própria garrafa.

Existem seis categorias de champanhe:

- ✓ **Não Millésimé:** champanhe branco, comum, sem referência a safra. Corresponde a 80% de toda a produção de Champagne.
- ✓ **Millésimé:** champanhe com data, produzido com vinho de uma só colheita, geralmente muito boa. Deve envelhecer em adega por três anos.
- ✓ **Cuvée de Prestige:** elaborado com os melhores vinhos das melhores safras. Champanhe nobre, muito caro, comercializado em garrafas especiais. Exemplo: Dom Pérignon.
- ✓ **Rosé:** utiliza vinho ou mosto de uvas tintas, o que lhe confere mais corpo.

- ✔ **Blanc de Blancs:** elaborado com a uva Chardonnay.
- ✔ **Blanc de Noirs:** elaborado com as uvas tintas Pinot Noir e Pinot Meunier.

Quanto ao teor de açúcar, existem seis tipos de champanhe:

- ✔ **Extra-brut:** sem adição de açúcar (até 6 g de açúcar residual por litro).
- ✔ **Brut:** o mais seco (menos de 15 g de açúcar por litro).
- ✔ **Extra-sec:** muito seco (de 15 g a 20 g de açúcar por litro).
- ✔ **Sec:** seco (de 17 g a 35 g de açúcar por litro).
- ✔ **Demi-sec:** entre seco e doce (de 35 g a 50 g de açúcar por litro).
- ✔ **Doux:** doce (acima de 50 g de açúcar por litro).

Não morra sem experimentar: Krug, Dom Pérignon, Bollinger, Piper-Heidsieck, Louis Roederer, Veuve Clicquot, Taittinger, Pommery, Moët & Chandon.

Alsácia

No mapa: Leste da França, próximo à fronteira com a Alemanha.

❗ Essa região difere do padrão francês de classificação, pois seus vinhos, em geral, são varietais (trazem o nome da uva no rótulo). Os vinhedos "perseguem" o rio Reno e as montanhas próximas. A região prima por vinhos brancos secos, frutados e de aromas ricos.

Castas mais comuns: brancas – Riesling Renana, Gewürztraminer, Muscat, Pinot Gris (ou Tokay d'Alsace), que produzem os melhores vinhos da Alsácia. Existem ainda uvas que produzem vinhos mais simples: Pinot Blanc, Pinot Noir, Sylvaner, Chasselas.

Não morra sem experimentar: Alsace Sélection de Grains Nobles, Alsace Grands Crus, Alsace Vendage Tardive.

Rhône

No mapa: Sul da França, às margens do rio Rhône. Referências: cidades de Lyon e Avignon, nas proximidades do Mediterrâneo.

Castas mais comuns: tintas – Syrah, Grenache, Mourvèdre, Cinsault; brancas – Clairette, Grenache Blanc, Roussane, Bourboulenc.

São de lá: os grandes vinhos tintos Hermitage, com estrutura para envelhecer por muitos anos, e o Châteauneuf-du-Pape, prestigiado no mundo inteiro. Entre os brancos destacam-se o Château Grillet e o Condrieu, ambos elaborados com a casta Viognier. É preciso citar também o Tavel, feito com a uva Grenache e considerado o melhor *rosé* da França.

Loire

No mapa: Norte da França, nos arredores do rio Loire.

Castas mais comuns: tintas (são as mais cultivadas) – Cabernet Franc, Cabernet Sauvignon, Gamay, Pinot Noir; brancas – Chasselas, Chenin Blanc, Sauvignon Blanc.

É composta por várias sub-regiões: Anjou-Saumur, Touraine, Muscadet, Sancerre, Pouilly Fumé, Vouvray etc.

❗ Os *rosés* de Anjou ficaram famosos no Brasil, mesmo não sendo grandes vinhos. Hoje, os brancos e tintos Sancerre, o Pouilly Fumé branco seco e os Vouvray brancos, secos ou doces são, merecidamente, mais prestigiados aqui.

Midi

No mapa: estende-se do oeste do Rhône até os Pireneus, no Sul da França.

Castas mais comuns: tintas – Cabernet Sauvignon, Merlot, Syrah, Grenache, Mourvèdre, Cinsault; brancas – Chardonnay, Ugni Blanc.

É composta por três sub-regiões: Côtes de Provence, Languedoc e Roussillon.

❗ Por muito tempo, essa região foi desvalorizada pela produção de vinhos comuns, mas isso está mudando. Uma nova mentalidade entre os viticultores vem introduzindo qualidade nos vinhos, a ponto de a região já receber o título de Califórnia francesa. Uma curiosidade: no Brasil, os *rosés* de Provence foram moda entre as décadas de 60 e 70.

Itália

Tomar vinho e comer, para o italiano, é praticamente a mesma coisa. Em todo o país, topograficamente formado de colinas e montanhas, cultivam-se uvas viníferas e produzem-se vinhos, alguns muito elegantes, outros para o dia a dia. A rica gastronomia italiana é favorecida imensamente pela constante companhia da bebida, que atende a todas as especialidades regionais. Do Norte ao Sul do país vigora a "santíssima trindade mediterrânea", que nada mais é do que o tripé constituído de vinho, pão e azeite.

Esse traço cultural tão enraizado encontra, na legislação vinícola, suporte para que a Itália se mantenha entre os gigantes da produção mundial de vinho.

Procure nos rótulos as classificações:

Vino da Tavola (Vinho de Mesa): vinhos baratos e simples, para o consumo diário. De fácil compatibilização com a comida, os rótulos dessa categoria são os mais populares, porém abrigam alguns excelentes vinhos.

Indicazione Geografica Tipica – IGT (Indicação Geográfica Típica): essa classificação, criada no início dos anos 90, pode ser comparada ao Vin de Pays, da França. Fica entre a categoria mais popular, a Vino da Tavola, e outras de controle mais rigoroso.

Denominazione di Origine Controllata – DOC (Denominação de Origem Controlada): aqui as regras são mais austeras. A legislação determina o sistema de poda e plantio dos vinhedos, o rendimento máximo de uvas por hectare, o teor alcoólico dos vinhos, as técnicas de vinificação e os critérios de envelhecimento. E ainda não é tudo: os vinhos passam por degustação técnica e análise química para endossar sua tipicidade. Esses vinhos também podem trazer no rótulo a inscrição VQPRD – Vinho de Qualidade Produzido em Região Demarcada.

Denominazione di Origine Controllata e Garantita – DOCG (Denominação de Origem Controlada e Garantida): é o *top* dos *tops* entre os vinhos italianos. As regras são ainda mais rígidas que as dos vinhos DOC. Anualmente, uma comissão degustadora oficial aprova ou reprova os vinhos.

São dezessete as regiões produtoras:

Piemonte

No mapa: Noroeste da Itália, próximo aos Alpes. Referência: cidade de Turim.

Castas mais comuns: tintas locais – Barbera, Nebbiolo, Dolcetto; brancas – Moscato, Cortese, Arneis.

❗ Ao lado da Toscana e do Vêneto, Piemonte responde pelo melhor da produção italiana de vinhos. Os tintos dessa região, classificados como DOCG, estão entre os grandes vinhos do mundo.

São de lá: Gattinara, Asti Spumante, Gavi.

Não morra sem experimentar: Barolo, Barbaresco.

Toscana

No mapa: ao norte de Roma.

Castas mais comuns: tintas – Sangiovese, Canaiolo, Brunello, Cabernet Sauvignon, Merlot; brancas – Trebbiano di Toscana, Chardonnay, Malvasia.

❗ Terra de grandes vinhos, muitos pertencentes à categoria máxima, DOCG. É o berço dos Chianti, elaborados com a casta Sangiovese. De lá também são os Brunello di Montalcino.

São de lá: Carmignano, Sassicaia, Tignanello, Vin Santo (branco doce).

Não morra sem experimentar: Chianti Clássico, Chianti Rufina, Brunello di Montalcino, Vino Nobile di Montepulciano.

Vêneto

No mapa: Norte da Itália. Referências: Veneza e Verona.

Castas mais comuns: tintas – Corvina, Molinara, Negrara, Veronese, Rondinella, Cabernet Sauvignon, Cabernet Franc, Merlot; brancas – Garganera, Trebbiano di Soave, Pinot Grigio.

❗ Região dos populares Valpolicella e Bardolino, dos prestigiados Recioto della Valpolicella Amarone e Soave (branco). O Vêneto é conhecido por produzir vinhos de vários estilos, inclusive os espumantes Prosecco. Destaca-se também pela grande quantidade de vinhos que produz. Predominam nessa região os vinhos classificados como DOC.

Não morra sem experimentar: Recioto della Valpolicella Amarone, Soave (branco), Prosecco di Conegliano-Valdobbiadene (espumante).

Abruzzo

No mapa: Centro-Sul do país, próximo ao mar Adriático. Referência: cidade de Pescara.

Castas mais comuns: tintas – Montepulciano d'Abruzzo, Sangiovese; branca – Trebbiano.

❗ Nessa região predominam os vinhos populares (Vino da Tavola e IGT), embora alguns DOC sejam reconhecidos por sua qualidade.

São de lá: Montepulciano d'Abruzzo (tinto), Trebbiano d'Abruzzo (branco).

Lombardia

No mapa: Norte da Itália, na fronteira com a Suíça.

Castas mais comuns: tintas – Nebbiolo (ou Chiavennasca), Barbera, Pinot Noir, Cabernet Franc, Merlot; branca – Chardonnay.

São de lá: os tintos Valtellina Superiore (Sassella, Inferno, Grumello e Valgella), os Franciacorta (espumante, branco, tinto).

Trentino-Alto Ádige

No mapa: montanhas no Norte da Itália, na fronteira com a Áustria.

Castas mais comuns: tintas – Lambrusco, Schiava, Lagrein, Teroldego, Merlot, Cabernet Sauvignon, Cabernet Franc; brancas – Pinot Blanc, Pinot Grigio, Chardonnay, Sauvignon Blanc, Riesling, Gewürztraminer.

São de lá: Santa Maddalena, Teroldego Rotaliano.

Outras regiões

Úmbria, Puglia, Sicília, Calábria, Basilicata, Campânia, Emília-Romanha, Friuli-Venezia Giulia, Lácio, Ligúria, Marche.

Portugal

A história do vinho em Portugal começou no século VII a.C., com a chegada dos gregos, que plantaram as primeiras vinhas na península Ibérica. Mas o que interessa mesmo é o século XV, durante o reinado de dom Afonso Henriques, quando o país iniciou a política de exportação, na esteira dos descobrimentos. Outro nome importante da história do vinho português foi o marquês de Pombal, que em 1756 criou a primeira região de vinhos demarcada do mundo, o Douro, onde se faz o famoso vinho do Porto. Portugal é um país muito generoso em castas viníferas locais, entre elas Touriga Nacional, tinta considerada a rainha das uvas portuguesas, Touriga Francesa, Arinto, Sercial, Castelão, Periquita, Trincadeira etc. A diversidade é enorme, tanto de uvas brancas quanto de tintas, o que faz de Portugal um produtor original e muito qualificado.

Procure nos rótulos as classificações:

Vinho de Mesa: um "guarda-chuva" enorme, que abriga todos os vinhos mais simples que não foram encaixados em classificações nobres.

Vinho de Mesa Comum: os mais qualificados trazem as indicações Reserva e Garrafeira no rótulo. Pode ser:

- ✔ **Vinho verde:** branco ou tinto, produzido apenas em região demarcada. É ácido e seco.

✔ **Vinho maduro:** branco, tinto ou *rosé*, seco ou suave (adoçado), produzido por processos convencionais de fermentação do mosto.

Vinho Especial: são cinco categorias:

✔ **Vinho licoroso:** com teor alcoólico elevado, de 18% a 22%.
✔ **Vinho generoso:** vinho licoroso produzido nas regiões do Douro, Moscatel de Setúbal, Madeira e Carcavelos.
✔ **Vinho doce de mesa:** vinho doce comum com, no máximo, 14% de teor alcoólico.
✔ **Vinho espumante natural:** vinho com gás carbônico obtido da segunda fermentação em garrafa ou em tanques de aço.
✔ **Vinho espumante gaseificado:** vinho com gás carbônico obtido artificialmente, com a ajuda de equipamentos especiais.

Vinho Regional: equivale ao Vin de Pays francês ou ao IGT italiano. Classificação criada em 1992, que abrange oito regiões de origem: Algarve, Alentejo, Beiras, Estremadura, Ribatejo, Rios do Minho, Terras do Sado e Trás-os-Montes.

Indicação de Procedência Regulamentada (IPR): criada em 1986, essa classificação é também chamada de Vinho de Qualidade Produzido em Região Demarcada (VQPRD). Trata-se de uma vasta categoria, com trinta regiões produtoras. Algumas delas: Alcobaça, Almeirim, Biscoitos, Chamusca, Chaves, Encostas d'Aire, Évora, Óbidos, Santarém, Torres Vedras.

Denominação de Origem Controlada (DOC): essa categoria abriga os melhores vinhos portugueses, provenientes de várias regiões demarcadas.

São onze as regiões demarcadas:

Alentejo

No mapa: Centro-Sul de Portugal, na divisa com a Espanha.

Castas mais comuns: tintas – Alicante, Trincadeira, Castelão Francês, Moreto, Aragonesa, Alfrocheiro; brancas – Arinto, Boais, Manteúdo, Roupeiro, Tomares, Fernão Pires, Perrum.

O destaque do Alentejo é o famoso tinto Pera Manca, vinho de guarda com estrutura para envelhecer por vinte anos ou mais.

Desdobra-se em cinco sub-regiões classificadas como DOC: Borba, Vidigueira, Reguengos, Portalegre e Redondo.

São de lá: Herdade do Esporão, Quinta do Carmo, Quinta da Terrugem, Paço dos Infantes, Cartuxa, Monte do Pintor.

Não morra sem experimentar: Pera Manca, Vila Santa.

Bairrada

No mapa: Centro-Norte de Portugal.

Castas mais comuns: tintas – Baga (ou Poeirinha), Castelão (ou Moreto), Tinta Pinheira; brancas – Bical, Rabo-de-Ovelha, Maria Gomes, Sercial, Sercialinho, Arinto, Chardonnay.

❗ A região produz vinhos para envelhecimento, com estrutura para evolução por um período de dez a quinze anos. São bebidas potentes, encorpadas e tânicas quando jovens. A região produz também excelentes espumantes.

São de lá: Bairrada Messias, Luís Pato, Caves São João, Casal Mendes, Bairrada Caves Aliança.

Bucelas

No mapa: vale do rio Trancão, 25 quilômetros ao norte de Lisboa.

Castas mais comuns: brancas – Arinto, Esgana-Cão, Fernão Pires, Galego Dourado, Moscatel de Setúbal.

❗ Região especializada em vinhos brancos, frequentemente comparados aos Médoc brancos e aos Chablis.

São de lá: Prova Régia, Quinta da Romeira, Bucelas Caves Velhas, Calhandriz.

Dão

No mapa: Centro-Norte de Portugal, entre as serras Estrela, Caramulo, Buçaco e Lousã e os rios Dão e Mondego.

Castas mais comuns: tintas – Touriga Nacional, Tinta Pinheira, Tinta Carvalha, Bago de Louro, Alvarelhão, Bastardo, Alfrocheiro Preto; brancas – Arinto, Barcelo, Fernão Pires, Sercial, Dona Branca.

❗ É a maior região vinícola de Portugal, com predominância de vinhos tintos (70%), muitos deles encorpados e macios, alguns com grande estrutura para envelhecimento.

São de lá: Conde de Santar, Real Vinícola, Dão Terras Altas, Dão Cardeal, Dão Catedral, Dão Aliança, Dão Grão Vasco, Duque de Viseu.

Douro/Porto

No mapa: Nordeste de Portugal.

Castas mais comuns: tintas – Bastardo, Tinta Francisca, Tinto Cão, Donzelinho, Mourisco, Touriga Nacional, Touriga Francesa; brancas – Donzelinho, Esgana-Cão, Folgazão, Gouveio (ou Verdelho), Rabigato, Malvasia Fina, Viosinho.

❗ Região do famoso vinho do Porto, um vinho generoso apreciado no mundo inteiro. Com graduação alcoólica entre 19% e 22%, os vinhos do Porto são na maioria tintos e doces, embora existam alguns brancos e secos. O Douro vem se destacando também pela produção de bons vinhos não fortificados, o que tem dado certa atualidade à região. Mas os rótulos tradicionais ainda dão muito prestígio ao Douro, afinal o melhor vinho português, o Barca Velha, da Casa Ferreirinha, é feito na região.

São de lá os vinhos do Porto: Dom José, Sandeman, Churchill's, Graham's, Fonseca, Messias, Noval, Taylor's, Ferreira, Poças Junior e Croft.

São de lá os vinhos de mesa: Ferreirinha, Redoma, Porca de Murça, Quinta da Pacheca.

Não morra sem experimentar: Barca Velha, Quinta do Côtto, Warre's, Adriano Ramos Pinto.

Madeira

No mapa: oceano Atlântico. A região demarcada inclui as ilhas da Madeira e de Porto Santo.

Castas mais comuns: tintas – Negra Mole, Terrantez; brancas – Malvasia, Sercial, Boal (ou Bual), Verdelho.

! Produz vinhos brancos, doces ou secos, generosos fortificados. A graduação alcoólica, em geral, vai de 18% a 21%. Um dos grandes atrativos desses vinhos é sua capacidade de envelhecimento – até cinquenta anos.

São de lá: Blandy, Cossart Gordon, Leacock e Miles, todos produzidos pela Madeira Wine Company.

Moscatel de Setúbal

No mapa: sul de Lisboa, ao redor dos concelhos de Setúbal e Palmela.

Castas mais comuns: tintas – Periquita (ou Castelão Francês), Espadeiro, Bastardo, Moreto, Monvedro; brancas – Arinto, Fernão Pires, Tamarez,

Bual, Manteúdo; moscatéis – Moscatel de Setúbal, Moscatel Roxo, Moscatel do Douro, Moscatel Branco.

❗ O vinho mais famoso dessa região é o Moscatel de Setúbal, que inclusive dá nome a ela. Generoso fortificado, esse vinho tem estrutura para envelhecer entre vinte e quarenta anos. A região produz ainda outros vinhos famosos, como o Periquita e o Quinta da Bacalhôa.

São de lá: Periquita, Catarina, Cova da Ursa, Meia Pipa, Camarate, BSE.

Não morra sem experimentar: Quinta da Bacalhôa.

Vinhos Verdes

No mapa: Norte de Portugal, tendo o rio Minho ao norte e o oceano Atlântico a oeste. Também banham a região os rios Lima, Cávado, Ave e Douro.

Castas mais comuns: tintas – Azal Tinto, Vinhão, Borraçal, Espadeiro Tinto, Pedral, Rabo-de-Ovelha Tinto, Brancelho; brancas – Azal Branco, Avesso, Batoca, Pedernã, Alvarinho, Trajadura, Loureiro.

❗ Brancos ou tintos, os vinhos da região dos Vinhos Verdes devem ser consumidos jovens. De baixa graduação alcoólica, provocam uma agradável sensação de picadas na língua, devido à alta acidez e à presença de gás carbônico.

São de lá: Aliança, Acácio, Calamares, Casal Garcia, Gatão.

Não morra sem experimentar: Alvarinho Palácio da Brejoeira.

Outras regiões

Algarve, Carcavelos, Colares.

Espanha

Desde que os navegadores fenícios plantaram os primeiros vinhedos na Andaluzia, em 1100 a.C., a produção de vinhos na Espanha passou por altos e baixos. Com a conquista romana em 200 a.C., o vinho teve um avanço. Já com a presença árabe nos primeiros anos da Idade Média, a bebida declinou. Veio a nova conquista dos cristãos, no final do século XV, e o vinho subiu outra vez. Nos séculos XVII e XVIII, enquanto a França brigava com a Inglaterra, a Espanha se tornava uma grande fornecedora de vinho para os britânicos. Houve ainda a praga da filoxera, que dizimou os vinhedos da Europa no final do século XIX. E assim, aos trancos e barrancos, a Espanha conseguiu impor seu vinho ao mundo, com destaque para o fortificado Jerez. As tradicionais regiões de Rioja e Ribera del Duero são festejadas com justiça no mercado internacional, e hoje várias regiões novas têm inovado e trazido um estilo moderno e de grande qualidade ao vinho espanhol.

Procure nos rótulos as classificações:

Vino de la Tierra (Vinho da Terra): categoria inferior, que corresponde ao Vin de Pays francês.

Denominación de Origen – DO (Denominação de Origem): vinho produzido em regiões delimitadas. A Espanha tem 51 DOs.

Denominación de Origen Calificada – DOC (Denominação de Origem Qualificada): categoria criada em 1991, que identifica os vinhos da região de Rioja.

Outras expressões que estão no rótulo como indicações de qualidade, do pior ao melhor vinho:

Joven: vinho para ser consumido logo.

Sin crianza: vinho simples, sem envelhecimento.

Crianza: vinho envelhecido por pelo menos um ano em barril e um ano na garrafa.

Reserva: vinho envelhecido por pelo menos três anos, no caso dos tintos, e dois anos para os brancos.

Gran reserva: vinho envelhecido por pelo menos cinco anos, no caso dos tintos, e dois anos para os brancos.

São cinco as regiões demarcadas importantes:

Rioja

No mapa: Norte da Espanha, às margens do rio Ebro.

Castas mais comuns: tinta – Tempranillo; branca – Viura.

São de lá: Marqués de Riscal, Conde de Valdemar, Marqués de Arienzo, Marqués de Murrieta.

Ribera del Duero

No mapa: Noroeste do país, às margens do rio Duero.

Principais castas: tintas – Tinto Fino, Tinto Aragonés, Garnacha.

São de lá: Pesquera, Valbuena, Viña Pedrosa.

Não morra sem experimentar: Vega Sicilia.

Jerez

No mapa: Sul da Espanha, próximo às cidades de Jerez de la Frontera e Cádiz.

- Região onde são produzidos os grandes vinhos Jerez, também chamados de Xerez ou Sherry.

Principal casta: a branca Palomino.

São de lá: Tio Pepe, Napoleon Amontillado, Lustau Bodega Vieja, La Ina.

Penedès e Cava

No mapa: Nordeste da Espanha. Referências: cidades de Vilafranca del Penedès e Sant Sadurní d'Anoia.

❗ Essa região abriga a DO Cava, onde são elaborados apenas espumantes (lá chamados de *cavas*).

Principais castas: tintas – Carineña, Tempranillo, Monastrell, Garnacha, Cabernet Sauvignon, Cabernet Franc, Merlot; brancas – Parellada, Xarel.lo, Chardonnay, Chenin Blanc, Sauvignon Blanc.

São de Penedès: Viña Sol, Gran Coronas, Mas la Plana.

São de Cava: os *cavas* Freixenet e Codorníu.

Alemanha

Pode-se dizer que a Alemanha é a terra do vinho branco. O clima e o solo favorecem o amadurecimento das uvas brancas, daí vem o prestígio do país na produção do vinho correspondente. Mas a Alemanha também tem um histórico de guerras, e, obviamente, a cada conflito a indústria vinícola sofreu. As guerras mundiais e a praga da filoxera representaram, no passado, grandes ameaças ao vinho. Hoje, o problema é outro: a lei que rege a produção do vinho – criada em 1971 e atualizada em 1982 – é alvo de críticas por parte de especialistas, por permitir que vinhos ruins sejam classificados como de qualidade. É justamente o oposto do que ocorre nos demais países da Europa, onde as regras são muito rígidas. Além disso, o próprio idioma constitui uma barreira para a popularização do vinho alemão em outros países. No Brasil, por exemplo, para quem não fala a língua ou não é especialista em vinho, decifrar os rótulos é um grande desafio.

Procure nos rótulos as classificações:

Tafelwein (Vinho de Mesa)

Deutscher Tafelwein (Vinho de Mesa Alemão)

Landwein (Vinho de Região)

Qualitätswein bestimmter Anbaugebiete – QbA (Vinho de Qualidade das Melhores Regiões)

Qualitätswein mit Prädikat – QmP (Vinho de Qualidade com Predicado): na categoria QmP estão os bons vinhos alemães, que se dividem em seis subcategorias ou predicados. Anote:

- ✔ **Kabinett** (Reserva)
- ✔ **Spätlese** (Colheita Tardia)
- ✔ **Auslese** (Colheita Selecionada)

- ✔ **Beerenauslese** (Colheita de Uvas Selecionadas)
- ✔ **Trockenbeerenauslese** (Colheita de Uvas Secas Selecionadas)
- ✔ **Eiswein** (Vinho do Gelo)

Regiões produtoras:

Francônia (*Franken*)

No mapa: parte central da Alemanha, próximo ao rio Main. Referência: cidade de Würzburg.

❗ Produz bons vinhos brancos secos e meio-secos.

Castas mais comuns: tinta – Blauer Spätburgunder; brancas – Müller-Thurgau, Sylvaner, Riesling.

É de lá: Würzburger Stein.

Mosel-Saar-Ruwer

No mapa: próximo ao rio Mosel e seus afluentes Saar e Ruwer.

❗ Produz vinhos brancos secos ou doces, muito elegantes.

Castas mais comuns: as brancas Riesling (ocupa mais da metade da região), Müller-Thurgau, Elbling.

São de lá: Bernkasteler Doktor, Zeller Schwarze Katz.

Rheingau

No mapa: norte da área vinícola. O rio Reno separa Rheingau de Rheinhessen, outra região de destaque da Alemanha.

Principal casta: a branca Riesling (ocupa 80% dos vinhedos).

São de lá: Hochheimer Domdechaney, Eltviller Taubenberg, Rauenthaler Baiken, Schloss Vollrads, Marcobrunner.

Rheinhessen

No mapa: norte da área vinícola. Faz divisa com Pfalz.

Castas mais comuns: as brancas Müller-Thurgau, Riesling.

São de lá: Niersteiner, Oppenheimer, Binger, Liebfraumilch (o popular vinho da garrafa azul).

Pfalz

No mapa: Sul do país, ao norte da região francesa da Alsácia.

Castas mais comuns: as brancas Ruländer, Riesling, Gewürztraminer, Müller-Thurgau.

São de lá: Forster, Deidesheimer.

Hungria

Embora sejam muito antigos, só agora os vinhos húngaros começam a ser conhecidos no Brasil. A Hungria tem tradição na produção de tintos e brancos, mas seu prestígio internacional se deve, sobretudo, aos vinhos de sobremesa botritizados Tokay (ou Tokaji), elaborados com as uvas Furmint, Hárslevelü e Muscat. A Hungria é também a pátria do Sangue de Touro (Egri Bikavér), um vinho popular muito apreciado na Europa, mas pouco conhecido no Brasil.

Regiões produtoras: Tokaj, Eger, Mátraalja, Villany, Balaton Sul, Badacsony, Szekszárd, Mecsek, Balatonfüred-Csopak, Mór, Etyek, Sopron.

Principais castas: tintas – Cabernet Sauvignon, Merlot; brancas – Furmint, Hárslevelü, Muscat.

São de lá: Oremus, Disznókö, Kereskedöház, The Royal Tokaji Wine Company.

Não morra sem experimentar: Tokaji Aszú 6 Puttonyos Disznókö, Royal Tokaji Aszú 6 Puttonyos Disznókö.

Novo Mundo: demais países

Brasil

Quem aprecia vinhos torce pelo amadurecimento da produção brasileira. Não só por patriotismo, mas também porque, com uma indústria nacional organizada e séria, teremos mais vinhos de qualidade a preços acessíveis. Se por um lado ainda falta um longo caminho a percorrer em busca da maioridade nesse setor, por outro está claro que os produtores estão empenhados nesse propósito. Nunca houve tanto investimento na produção de bons vinhos no país. Nossa história com o vinho começou com Martim Afonso de Souza – colonizador que trouxe as primeiras mudas de vinhas europeias ao Brasil, em 1532 –, ganhou impulso com a imigração italiana e vem crescendo em ritmo cada vez mais acelerado desde a década de 70.

Hoje, podemos dizer que somos um país emergente, com um futuro promissor. O Brasil ainda não tem uma legislação detalhada, mas é possível apontar alguns locais como referências na produção de vinhos finos: Vale dos Vinhedos, Campanha Gaúcha, Campos de Cima da Serra, Serra Gaúcha, todas no Rio Grande do Sul. Essas regiões concentram a maior parte da produção de vinhos de qualidade. Outra região que começa a aparecer no mapa é o Vale do São Francisco, no Nordeste, que há anos produz excelentes uvas de mesa e agora tem se mostrado adequado também às cepas viníferas. De lá saem bons espumantes elaborados com a uva moscatel (o "Asti" brasileiro). Em outros estados, como Minas Gerais e São Paulo, são produzidos vinhos populares, feitos com uvas de mesa. Mas, mesmo nessas regiões, já se percebe o interesse de alguns produtores em entrar no mercado de vinhos finos. Um indício de que existe uma nova mentalidade se instalando é a crescente presença de cepas viníferas no Sudeste brasileiro.

O Brasil produz vinhos tintos, brancos, de sobremesa e, em especial, espumantes. O clima da Serra Gaúcha é parecido com o de Champagne, na França, o que explica a qualidade de nosso espumante. Marcas como Miolo, Salton, Cave de Amadeu, Don Laurindo, Chandon, Casa Valduga, Lidio Carraro, Pizzato, Marson, Don Giovanni, Château Lacave, Cooperativa Vinícola Aurora, Lovara, Cave de Pedra e Dal Pizzol vêm se aprimorando e ganhando consumidores cada vez mais constantes. A Miolo, aliás, vai mais longe, com a consultoria do prestigiado enólogo francês Michel Rolland na elaboração de seus vinhos.

Procure nos rótulos as classificações:

Vinho Comum: elaborado com uvas americanas. Vinho de consumo imediato, sem envelhecimento.

Vinho Especial: elaborado com uvas viníferas e americanas. O envelhecimento não é obrigatório.

Vinho Fino: elaborado com uvas viníferas. A maioria dos tintos passa por um período de envelhecimento em carvalho.

Teor de açúcar:

Vinho seco: no máximo 5 g de açúcar por litro.

Vinho meio-doce (*demi-sec*): entre 5,1 g e 20 g de açúcar por litro.

Vinho doce (suave): acima de 20,1 g de açúcar por litro.

Classificação das uvas:

Varietal: uva mais utilizada na elaboração do vinho. A varietal citada deve compor, no mínimo, 60% do vinho.

Genérico: sem indicação de uva.

Castas mais comuns: tintas – Cabernet Sauvignon, Merlot, Cabernet Franc, Gamay, Pinot Noir, Syrah, Tempranillo, Touriga Nacional; brancas – Riesling Itálica, Chardonnay, Moscatel, Trebbiano, Sémillon, Malvasia.

São daqui: Miolo, Salton, Cave de Amadeu, Dal Pizzol, Don Laurindo, Chandon, Rio Sol, Casa Valduga, Lidio Carraro, Château Lacave, Boscato, De Lantier, Cooperativa Vinícola Aurora, Almadén, Marco Luigi, Cavalleri.

Experimente: Miolo Lote 43, Miolo RAR Reserva de Família, Miolo Quinta do Seival, Don Laurindo Tannat, Don Laurindo Gran Reserva, Lidio Carraro Cabernet Sauvignon, Salton Talento, Salton Volpi Chardonnay, Cave Geisse Espumante Brut, Reserva Amadeu (Cave de Amadeu), Chandon Excellence Brut (espumante), Salton Prosecco Brut (espumante).

Chile

O Chile é um grande conhecido dos brasileiros. Por vários anos, vinho importado, para nós, era vinho chileno. O país sempre produziu em larga escala e, a partir dos anos 80, passou a caprichar mais na bebida. Hoje o Chile está presente no mundo inteiro, e com merecido reconhecimento. Afinal, a vocação enológica do país é incontestável, desde a devastação mundial de vinhedos provocada pela praga filoxera, quando só o Chile se viu protegido. A explicação mais frequente para o fato é que o país se teria beneficiado da localização geográfica, entre a cordilheira dos Andes e o oceano Pacífico. Uma curiosidade é a presença da Carmenère, "a uva perdida da Europa", que floresceu no Chile e tem resultado em vinhos muito agradáveis.

Procure nos rótulos: ao contrário dos países europeus, que têm leis claras de classificação, os da América do Sul têm regras mais flexíveis. Os produtores usam Gran Vino e Reservado para distinguir as categorias de seus vinhos, de acordo com critérios próprios.

Regiões produtoras, do norte para o sul: Aconcágua (onde está a sub-região de Casablanca), Maipo (Santiago, Talagante, Buin, Pirque, Llano Del Maipo), Rapel (Cachapoal, Colchagua, Santa

Cruz, Peralillo), Maule (Curicó, Talca, Cauquenes, Linares, Parral), Bío-Bío (Ñuble).

Castas mais comuns: tintas – Carmenère, Cabernet Sauvignon, Merlot, Malbec, Pinot Noir, Syrah; brancas – Chardonnay, Sauvignon Blanc.

São de lá: Santa Helena, Concha y Toro, Viña Morandé, Viña Casablanca, Viña Tarapacá, Santa Carolina, Santa Rita, Ventisquero, Casa Silva, Casa Lapostolle, Chadwick, Agustinos, Caliterra.

Experimente: Casa Lapostolle Cuvée Alexandre, Almaviva, Agustinos Reserva Carmenère, Seña de Caliterra, Don Maximiano, Don Melchor, Casa Silva Quinta Generación.

Argentina

Além do futebol, Brasil e Argentina têm outra rivalidade. Os vinhos argentinos entram em quantidades enormes no Brasil, muitos a preço de banana e com qualidade duvidosa. Acordos comerciais têm tentado manter certo equilíbrio, especialmente no quesito preço, mas ainda assim a rixa está longe de ser resolvida. Por outro lado, existem grandes vinhos argentinos, que têm colocado o país entre os produtores mais respeitáveis. Além disso, a Argentina é a terra da Malbec. Os grandes vinhos produzidos lá com essa uva são os melhores do mundo.

Procure nos rótulos: Reserva ou Reservado, a critério da casa vinícola.

Regiões produtoras: Mendoza, Salta, Río Negro, San Juan, La Rioja.

Castas mais comuns: tintas – Malbec, Cabernet Sauvignon, Cabernet Franc, Syrah; brancas – Torrontés, Chardonnay, Sauvignon Blanc, Chenin Blanc, Moscatel, Sémillon, Malvasia, Palomino, Ugni Blanc.

São de lá: Catena, Trapiche, Navarro Correas, Norton, Bianchi Chablis, Luigi Bosca, Terrazas de Los Andes, Finca Flichman, Alta Vista, Cheval des Andes, Família Zuccardi, Escorihuela Gascón, Susana Balbo.

Experimente: Catena Malbec, Susana Balbo Malbec, Escorihuela Gascón Malbec, Zuccardi Q Malbec.

Uruguai

Essa é a terra da Tannat, uva conhecida pela força e adstringência. A Tannat plantada nesse país é um pouco mais delicada que a francesa, cuja tanicidade excessiva chega a ser uma barreira ao paladar destreinado. Mas nem só de Tannat vive o Uruguai. Uvas tintas, como Cabernet Sauvignon, Merlot e Syrah, estão bem aclimatadas ao frio úmido e ao solo argiloso e calcário de lá.

O Brasil recebe quase metade do vinho uruguaio, que tem na exportação sua grande alavanca comercial.

Procure nos rótulos: Vino de Calidad Preferente (VCP), que equivale ao vinho fino brasileiro.

Castas mais comuns: tintas – Tannat, Cabernet Sauvignon, Merlot, Syrah; brancas – Gewürztraminer, Sauvignon Blanc.

São de lá: Bodegas Carrau, Bodegas Pisano, Bodegas Castillo Viejo, Bodega Marichal e Hijos, Bodega Filgueira, Los Cerros de San Juan, Bodega Carlos Pizzorno.

Experimente: Amat Tannat Juan Carrau, Marichal Reserve Collection, Carlos Pizzorno Tinto Reserva Premium, Castillo Viejo Reserva de Familia.

Estados Unidos

A Califórnia concentra o que interessa da produção norte-americana de vinhos. De lá saem vinhos prestigiados no mundo inteiro, graças ao empenho dos produtores. A indústria vinícola começou a se desenvolver no final dos anos 70, quando os californianos passaram a aprimorar seu produto. Os enólogos percorreram o mundo em busca de novas tecnologias de vinificação e cultivo de vinhas, e hoje se pode dizer que os vinhos americanos estão consolidados entre as grandes marcas internacionais.

Procure nos rótulos:

American Viticultural Areas (AVAs): indica vinho de região.

Generic: sem declaração de uvas.

Varietal: declara o nome da uva mais utilizada. O vinho deve ser elaborado com 75% da uva citada.

Estate: vinho elaborado exclusivamente com uvas da região citada.

Regional: vinho elaborado com 95% de uvas das regiões produtoras, como Napa, Sonoma e Monterey.

Vintage: vinho de safra.

Regiões produtoras: Napa Valley AVA, Sonoma AVA, Mendocino AVA, Monterey AVA.

Castas mais comuns: tintas – Zinfandel, Cabernet Sauvignon, Merlot, Pinot Noir; brancas – Chardonnay, Sauvignon Blanc, Gewürztraminer.

São de lá: Robert Mondavi, J. Lohr, Domaine Chandon, Dominus Estate, Opus One, Sterling,

E. & J. Gallo, Clos du Bois, Simi Winery, Greenwood Ridge, Roederer Estate, Lockwood, Jekel.

Experimente: Delicato Zinfandel, Chateau Montelena Cabernet Sauvignon Estate, J. Lohr Cabernet Sauvignon.

Austrália

O clima e o solo australiano são excelentes para o cultivo de videiras. O que chama a atenção, no entanto, não são as uvas em si, mas o que os australianos fazem com elas. Os enólogos locais têm um saudável apetite por experimentações e fazem cortes que não se veem em nenhum outro lugar. Eles são grandes inventores, conhecidos pelo perfeccionismo. Por conta disso, conseguiram dar caráter único a seu vinho.

Procure nos rótulos: não existe uma classificação muito clara. Em caso de cortes, como os famosos Syrah/Cabernet Sauvignon e Chardonnay/Sémillon, a uva citada primeiro é a que foi usada em maior proporção no vinho.

Regiões produtoras: Nova Gales do Sul, Victoria, Austrália do Sul, Austrália Ocidental.

Castas mais comuns: tintas – Syrah, Cabernet Sauvignon, Merlot, Pinot Noir, Grenache; brancas – Chardonnay, Sémillon, Riesling.

São de lá: Penfolds, Leeuwin Estate, Lindemans, Tyrrell's, Rosemount Estate, Château Tahbilk, Tantalus, Xanadu, Cape Mentelle, Elderton, Basedow, Killerby, Torbreck.

Experimente: Penfolds Bin 707, Rosemount Show Reserve, Xanadu Syrah, Killerby Cabernet Sauvignon.

Nova Zelândia

O clima frio da Nova Zelândia favorece o cultivo das castas brancas. Os vinhos brancos secos são referências da produção neozelandesa. As mais de trezentas vinícolas espalhadas pelo país exportam seu vinho para o mundo inteiro, em especial para a Austrália e a Inglaterra. A indústria vinícola é jovem – começou no início do século XX. A elaboração de varietais Sauvignon Blanc de altíssima qualidade revolucionou o mundo dos vinhos brancos e colocou definitivamente a Nova Zelândia no mapa vinícola mundial.

Regiões produtoras: Auckland, Bay of Plenty, Canterbury, Otago, Martinborough, Nelson, Waikato, Hawke's Bay, Gisborne, Marlborough.

Principais castas: as brancas Sauvignon Blanc, Chardonnay, Riesling, Müller-Thurgau.

São de lá: Wairau River, Lawson's Dry Hill, Kumeu River, Giesen Estate, Cloudy Bay, Ata Rangi, Martinborough Vineyard, Rippon, Nautilus.

Experimente: Cloudy Bay Sauvignon Blanc, Brookfields Gold Label Merlot/Cabernet, Rippon Chardonnay, Wairau River Sauvignon Blanc, Nautilus Sauvignon Blanc.

África do Sul

Há muito tempo se ouve falar bem do vinho sul-africano. No início do século XIX, a África do Sul foi beneficiada pela Inglaterra, que procurava alternativas ao vinho da França, país com o qual estava em conflito. Com as exportações, os produtores sul-africanos experimentaram um período de grandes avanços tecnológicos. A partir dos anos 80, o prestígio se consolidou, e seu vinho hoje aparece com bom desempenho em mercados do mundo inteiro.

Principais regiões produtoras: Stellenbosch, Constantia, Durbanville, Little Karoo, Olifants River, Overberg, Paarl, Piketberg, Swartland, Walker Bay.

Castas mais comuns: tintas – Cabernet Sauvignon, Merlot, Pinotage (híbrida de Cinsault e Pinot Noir); brancas – Chenin Blanc (ou Steen), Sauvignon Blanc.

São de lá: Stellenbosch, Clos Malverne, Thelema Mountain, Rupert & Rothschild, L'Avenir, Steenberg, De Toren, Agusta Wine, Kanonkop.

Experimente: Warwick Estate Cabernet Franc, Thelema Mountain Sauvignon Blanc, Stellenzicht Syrah, Hamilton Russel Pinot Noir, Count Agusta Cabernet Sauvignon.

BIBLIOGRAFIA

Associação Brasileira de Sommeliers, Seção Campinas e São Paulo. Material didático. Cursos: Básico e Avançado.

Escola do Vinho Miolo. *Manual do vinho.*

Larousse do vinho. Consultoria Charlotte Marc e Ricardo Castilho. Trad. Antonio de Pádua Danesi et al. São Paulo: Larousse do Brasil, 2004.

Le Cordon Bleu. *Vinhos.* Trad. Arlete Simille Marques. São Paulo: Marco Zero, 2001.

Macneil, Karen. *A bíblia do vinho.* Trad. Laura Alves e Aurélio Rabello. Rio de Janeiro: Ediouro, 2003.

Nascimento, Antonio Carlos do. *Vinho: saúde e longevidade*. São Paulo: Ideia e Ação, 2005.

Pacheco, Aristides de Oliveira e Silva, Siwla Helena. *Vinhos e uvas*. São Paulo: Senac, 2001.

Santos, José Ivan. *Vinhos, o essencial*. São Paulo: Senac, 2004.

Souza, Sérgio Inglez de. *Vinho: aprenda a degustar*. São Paulo: Market Press, 2000.

www.academiadovinho.com.br

ÍNDICE REMISSIVO

Acessórios, 71, 83-89
Acidez, 40-41, 45, 47, 56, 107, 142, 152
Açúcar, 19, 40, 41, 47, 54, 92, 101, 102, 111, 129, 167-68
Adega, 26, 78, 88, 117, 128
Agulha, 44
Álcool, 19, 40, 41, 45, 53, 92, 101
 teor de, 23, 29, 34, 40, 41, 42, 46, 65, 80, 94-95, 96-97, 98, 101, 102, 107, 111, 116-17, 135, 143, 148-49, 150, 152
Amadurecimento, *Ver* Estágio
Anel periférico, 33-34
Arejamento, *Ver* Respiração
Armazenagem, 25-26, 43, 76, 86, 89, 109

luz, 26
posição, 25
temperatura, 26
umidade, 26
Aromas, 27, 29, 31, 32, 36-39, 41, 42, 43, 44, 45, 48, 54, 83, 93, 102, 102-9, 111, 113, 116, 117, 130
famílias de, 37, 38
primários, 36
secundários, 36-37
terciários, 37
Aspectos organolépticos, 44
Assemblage, 22, 80

Bolhas, *Ver* Perlage
Botrytis cinerea, *Ver* Uvas botritizadas
Bouchonée, *Ver* Defeito, contaminação
Buquê, 37

Cápsula, 82, 86-87
Cepa, 18, 22-23, 166
Champanhe, 28, 35-36, 39, 56-57, 61-62, 73, 81, 85, 86, 98-100, 105, 107, 127-29
Comida, vinho com, *Ver* Compatibilização
Compatibilização, 53-63, 71, 73-74, 135
combinações aclamadas, 61
combinações difíceis, 61-63
culinária vegetariana, 60-61
espumante, 56-57
queijo e vinho, 59
sobremesas, 60
vinho branco, 57-58
vinho tinto, 58-59
Compras, 67-68, 124
em lojas especializadas, 77-78

em supermercados, 75-77
Contaminação, *Ver* Defeito, contaminação
Copos, *Ver* Taças
Corpo, 28, 29, 40, 41, 44, 54, 57, 58, 59, 65, 73, 80, 94, 95, 96, 103, 104, 105, 106, 107, 108, 110, 116, 119, 128, 146, 148
Corte, 23, 80, 99, 103, 104, 105, 177, 178

Decantação, 32-33, 88
Defeito, 23, 40, 41, 42-44, 70
  bouchonée, *Ver* Defeito, contaminação
  contaminação, 26, 43-44, 45, 46, 69, 82
  mofo, 46
  oxidação, 25, 33, 43, 45, 46, 47, 69

rolha, *Ver* Defeito, contaminação
Degustação, 21, 30-47, 78, 85, 115-17, 120, 122, 136
  análise gustativa, 30, 39-42
  análise olfativa, 30, 36-39
  análise visual, 30, 34-36
  manobras ou movimentos com o copo, 30-31

Enochato, como não ser, 115-18
Enófilo, 20, 21, 59, 97, 116, 123
Enogastronomia, *Ver* Compatibilização
Enologia, 20, 111, 123
Enólogo, 20, 21, 23, 48, 49, 100, 114, 167, 175, 177

Enologuês, 111-15
Envelhecimento, *Ver* Estágio
Espumante, 28, 35, 39, 56-57, 60, 62, 66, 73, 84, 85, 86, 90, 91, 98-100, 107, 108, 110, 143, 146, 157, 166
  método *champenoise*, 99, 100, 128
  método *charmat*, 99, 100
Estágio
  em barrica, 47, 48, 155, 167
  em garrafa, 32, 46-47, 48-49, 128, 155

Fermentação, 19, 41, 92, 93, 98, 100, 101, 128, 143
  alcoólica ou tumultuosa, 92
  malolática, 92

Filoxera, 17-18, 153, 158, 170
Fortificação, 101

Garrafas, formatos de, 81
Gastos, 66-68, 78, 80
Guarda, tempo de, 110-11

Harmonização, *Ver* Compatibilização
História do vinho, 14-18, 123, 141-42, 153, 158, 165

Lágrimas, 31, 34
Levedura, 19, 92, 101

Mosto, 46, 93, 97, 101, 111, 128, 143

Namorar, vinho para, 72-74
Negócios, almoços de, 71-72

Ocasiões especiais, 64-74
  quantidade de vinho, 65
  sequência de vinhos, 65
  taças, 66
Oxidação, *Ver* Defeito, oxidação

Perlage, 35-36, 66, 100, 128
Phylloxera vastatrix, *Ver* Filoxera

Respiração, 32-33, 88
Restaurante, vinho em, 68-71, 117, 118
  ritual, 68-70
Retrogosto, 41, 45, 116
Rolha, 17, 77, 86-88, 90
  ressecamento, 25, 76
Rolha (defeito), *Ver* Defeito, contaminação
Rótulo, informações do, 23, 42, 69, 79-81, 124, 130, 134, 136, 142, 154, 159, 167, 170, 172, 174, 175, 178

Sabor, 31, 32, 39, 41, 42, 43, 44, 54, 60, 84
Saúde, benefícios à, 50-53
Sommelier, 21, 69, 71

Taças, 66, 83-86, 114
Tanino, 40, 42, 44, 45, 62, 88, 93, 95, 103, 116
Temperatura
  para armazenar, *Ver* Armazenagem, temperatura
  para servir, 27-28, 66, 86, 89
Terroir, 21-22, 122

Uvas
  botritizadas, 100, 101-2

passificadas ou
  dessecadas, 101
Uvas viníferas, variedades
  de, 15, 22, 23-24, 80,
  142, 163
  brancas, 107-9
  tintas, 102-7

Varietal, 22, 23, 80, 109,
  168, 176
Videira, 15, 17, 19-20,
  23-24, 52, 177
Vinho
  adstringente, 40, 44
  amplo, 44, 94
  aromático, 28, 29, 54,
    94, 108
  austero, 45
  botritizado, 111, 163
  branco, 27, 28, 35,
    37, 38, 40, 43, 45,
    53, 57, 58, 59, 66,
    67, 84, 86, 92,
    93-95, 97, 98, 110,
    113, 119, 126, 130,
    142, 143, 147, 150,
    152, 155, 158, 160,
    161, 163, 166, 179
  chato, 41, 45
  curto, 45
  de guarda, 45, 90,
    96-97
  de sobremesa, *Ver*
    Vinho doce
  doce, 40, 47, 53, 56,
    59, 60, 65, 66, 85,
    89, 91, 95, 100-2,
    106-7, 111, 113,
    119, 129, 132, 143,
    150, 153, 161, 163,
    166, 168
  envelhecido, 32,
    33-34, 35, 37, 40,
    90, 103, 106, 113,
    146, 148, 150, 151,
    155
  estruturado, 32, 45,
    106

fortificado, *Ver* Vinho doce
frisante, 28, 29, 96
generoso, 89, 113, 143, 150
leve, 28, 29, 40, 54, 57, 58, 59, 65, 73, 80, 94, 95, 96, 110, 119
madeirizado, 45
maduro, 45, 105, 143
magro, 45
quente, 46
rançoso, 46
rosado, *Ver* Vinho *rosé*
rosé, 28, 35, 57, 61, 91, 97-98, 103, 107, 110, 128, 131, 132, 133, 143
tinto, 27, 28, 32, 33, 34, 37, 38, 40, 41, 42, 43, 47, 51, 52, 53, 55, 57, 58, 59, 62, 66, 67, 73, 74, 84, 88, 91, 92, 95-97, 110, 112, 119, 126, 137, 142, 143, 148, 149, 152, 155, 163, 166, 167
vinoso, 46
Vinhos do mundo, 121-81
África do Sul, 180-81
Alemanha, 158-62
Argentina, 171-73
Austrália, 177-78
Brasil, 164-69
Chile, 169-71
Espanha, 153-57
Estados Unidos, 175-77
França, 123-33
Hungria, 163-64
Itália, 134-41
Nova Zelândia, 179-80
Portugal, 141-52
Uruguai, 173-74

Vinícola, 20, 22, 42, 63,
  78, 79, 90, 93, 100,
  114, 179
Vinificação, 15, 22, 79,
  91, 93, 115, 135, 175
Vitis vinifera, *Ver* Uvas
  viníferas, variedades de
Vocabulário do vinho,
  Ver Enologuês